AF562121

LE PETIT
ET LE
GRAND MONDE

MOEURS CONTEMPORAINES

PAR

Mme Hippolyte TAUNAY.

II

C. L.

PARIS.

CHARLES LACHAPELLE, ÉDITEUR, RUE SAINT-JACQUES, 38.

A. ALLOUARD, LIBRAIRE, Successeur de G. VARRÉE, QUAI VOLTAIRE, 21.

1840.

LE PETIT
ET LE GRAND MONDE.

Le baron de Lamothe-Langon.

MONSIEUR ET MADAME, 2 vol. in-8 — 10 fr.
LE ROI ET LA GRISETTE, 2 vol. in-8. — 10
REINE ET SOLDAT, 2 vol. in-8. — 15
L'ESPION RUSSE, 2 vol. in-8. — 15
CAGLIOSTRO, OU L'INTRIGANTE ET LE CARDINAL, 2 vol. in-8. — 10
LE DIABLE, 5 vol. in-12. — 7
UN FILS DE L'EMPEREUR, 5 vol. in-12. — 7
LA PRINCESSE ET LE SOUS-OFFICIER, 5 vol. in-12. — 7
LA FEMME DU BANQUIER, 4 vol. in-12. — 6

L. Couailhac.

AVANT L'ORGIE, roman historique, 2 vol. in-8. — 15
PITIÉ POUR ELLE, 2 vol. in-8. — 10
LA FEMME AIMABLE, 2 vol. in-8. — 10

Carle Ledhuy.

MÉMOIRES DE LA MORT, 4 vol. in-8. — 20
COMMENT MEURENT LES FEMMES, 2 vol. in-8. — 10
LA BELLE PICARDE, roman historique, 2 vol in-8. — 10
LE BOUDOIR ET LA MANSARDE, par MICHEL RAYMOND et CARLE LEDHUY, 2 vol. in-8. — 10

Le baron de Bilderbeck.

LA RUE DE LA FIDELITÉ, 2 vol. in 8. — 10
L'INDUSTRIEL, ou NOBLESSE ET ROTURE, 2 vol. — 10
LA COUR PREVOTALE, 5 vol. in-12 — 10
LE MANTEAU VERT, 4 vol. in-12. — 6
JACQUES COEUR ARGENTIER DE CHARLES VII, 2 vol. in-8. — 10

Guy d'Agde.

LA PAYSANNE ET LE DANDY, 4 vol. in-12. — 6

Alfred de Beaulieu.

LA JOLIE FILLE DES HALLES, 4 vol. 12-in. — 6

Hippolyte Bonnellier.

LA GRILLE DE LA PETITE PORTE, 2 vol. in-8. — 10

Marie Aycard.

LE VOLEUR ET LA GRISETTE, 2 vol. in-8. — 10

Charlotte de Sor.

MADAME DE TERCY ou L'AMOUR D'UNE FEMME, 2 vol. ni-8. — 10
UNE MAITRESSE DE KLÉBER, par J. S. M. 2 vol. in-8. — 10

Imprimerie de Pommeret et Guenot, rue Mignon, 2.

LE PETIT
ET LE
GRAND MONDE

MOEURS CONTEMPORAINES

PAR

Mme Hippolyte TAUNAY.

II

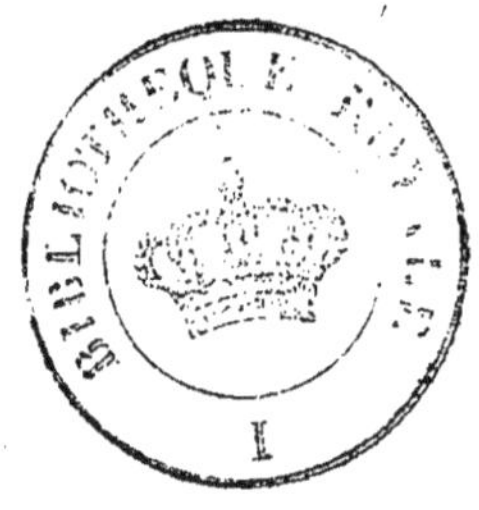

C. L.

PARIS.

CHARLES LACHAPELLE, ÉDITEUR, RUE SAINT-JACQUES, 38.

A. ALLOUARD, LIBRAIRE, Successeur de G. VARRÉE, QUAI VOLTAIRE, 21.

1840.

LAURE.

I

A vingt lieues de Paris, sur le sommet d'une colline assez élevée pour qu'a mi-côte on puisse découvrir Montereau et les plaines environnantes, se trouve un château moderne dont la position pittoresque attire l'œil de tout voyageur visitant les bords riants de la Seine. Une route sinueuse et commode conduit à la grille du parc sans s'y arrêter, car le philantrope possesseur de ce beau domaine, voulant que les gens du pays profitassent de cette amélioration, en a fait continuer à ses frais l'avenue au-delà de sa propriété, afin que le bien-être ne s'arrêtât pas juste où s'arrête la fortune.

Dans la belle allée de tilleuls qui de la grille aboutit au château, se promène chaque jour un homme d'une cinquantaine d'années, au front chauve, à l'air morne et taciturne; par fois il ralentit sa marche et regarde avec une lorgnette différents points de l'espace qu'il domine, souvent il s'assied sur un banc et lève au ciel de grands yeux pleins d'expression et dans lesquels peut s'apercevoir quelque chose de brillant qui ressemble à des larmes. Vêtu d'une redingotte bleue agraffée jusqu'au cou, un ruban rouge décore sa poitrine; son attitude est celle de la tristesse et de la méditation.

Un jour, plus absorbé que de coutume dans son humeur mélancolique, il était comme immobile à sa place favorite, quand un jeune homme de dix-huit à vingt ans apparut tout-à-coup un livre à la main. Timide et circonspect, il vient avec confiance demander à son père une solution qui l'embarrasse, et celui dont les souvenirs étaient si doulouloureux, oublie tout en instruisant ce fils bien-aimé.

— J'étais sûr de vous trouver ici, mon père, dit celui-ci, c'est votre promenade de prédilection; cependant ma mère s'inquiète avec raison quand vous y restez trop longtemps, puisque votre santé se ressent toujours des émotions qu'elle vous cause.

— Que veux-tu, six ans seulement se sont écoulés depuis le jour à jamais mémorable où, sous les ordres de mon noble empereur, je défendais pied à pied, dans ces plaines, le sol de la patrie. Malgré la valeur incroyable de mes braves, il fallut succomber sous le nombre et voir la belle France devenir la proie de l'étranger. C'est alors que j'aurais dû mourir, car la vie du général s'achève de fait, là où l'humiliation commence, et le reste de son existence n'est plus qu'un tissu d'amertume et de regrets !

Le jeune homme ne répondit rien, mais il entraîna doucement son père vers le château en lui rappelant que c'était l'heure réservée à sa leçon de mathématiques.

Ce généreux vétéran de l'aigle française était un enfant de la république qui, favorisé par les circonstances et plus encore par sa bravoure, était parvenu à tout. Napoléon, qui savait reconnaître le mérite, se l'attacher et le récompenser, avait comblé de ses faveurs M. Warnier; aussi, celui-ci portait-il jusqu'au fanatisme son admiration pour l'empereur, et le plus grand de ses chagrins était qu'après la bataille de Waterloo, une blessure dangereuse l'eût retenu au lit assez longtemps pour le mettre dans l'impossibilité de suivre en son lointain exil l'illustre proscrit. Revenu à la vie, il avait pris le parti de se retirer dans une agréable retraite à la campagne; c'est pourquoi ayant acheté le château de Bellevue, près de Montereau, il s'y était établi avec sa femme et son jeune fils dont il surveillait l'éducation autant pour se distraire que pour être sûr des principes qu'on lui donnerait.

Dans les premières années de son séjour à Bellevue, M. Warnier refusa obstinément de recevoir qui que ce fût, alléguant le mauvais état de sa santé.

— Je ne veux pas, disait-il, entendre clabauder un tas d'imbéciles sur des événements qu'ils ne connaissent pas ou qu'ils dénaturent selon leur opinion, leur caprice et leur intérêt. Toujours prêt à blâmer ce qu'il ne comprend pas, le vulgaire juge des faits d'après l'issue, et j'entendrais quelque insolent vanter devant moi le courage des Prussiens ou la magnanimité des Russes! cela me révolte et me fait mal. On a bien assez des journaux pour apprendre des sottises : quand l'un d'eux est par trop infâme, je puis du moins le jeter au feu; mais que faire contre des lâches qui ont vendu leur pays ou approuvé une telle trahison ? les mépriser et les fuir.

Madame Warnier bonne, douce, aimante, entièrement dévouée à son mari qu'elle adorait, se conformait à son humeur sauvage et passait son temps à soigner un petit parterre qu'elle s'était réservé, à maintenir l'ordre et la bonne intelligence dans sa maison, à secourir les pauvres ou les malades de son voisinage, et finissait paisiblement la journée par une promenade avec son mari et son fils à peu de distance du château.

Il y avait environ trois années qu'ils vivaient de cette manière quand une maison, fort modeste, placée sur le revers de la côte, fut achetée par une dame, jeune encore, mais pâle et souffrante. Une vieille domestique formait tout son entourage et d'apres l'extérieur, il était facile de voir que la gêne était à son comble dans ce simple ermitage. Madame Warnier ne put remarquer cette intéressante voisine sans désirer de la connaître, et bientôt l'envie de la soulager dans son infortune devint si pressante qu'elle fit l'impossible pour se rapprocher d'elle. Cela n'était pas facile, car la dame mystérieuse sortait rarement de son enclos. Toujours en grand deuil, elle paraissait plongée dans un affreux désespoir, ce qui touchait d'autant plus la compatissante châtelaine. Un jour on s'aperçut que madame Thiébaut, c'est ainsi que se nommait l'habitante de la petite maison, s'en était absentée; les domestiques profitèrent de cette circonstance pour entrer en conversation avec la bonne vieille : ils apprirent d'elle que sa maîtresse était la veuve d'un officier mort au service ; que, restée seule avec une fille, elle la faisait élever à Saint-Denis, où elle était allée la voir. Le général ne put cette fois rien alléguer contre le désir qu'avait sa femme de se lier avec cette jeune dame. La veuve d'un brave, mort en exil peut-être, ou sur le champ de bataille! Cette pensée acheva de le déterminer, et lorsque madame Thiébaut revint de Paris, il s'empressa de lui faire une visite de bon voisinage avec sa femme. Tous deux entrèrent dans la petite maison et pendant que la vieille gouvernante avertissait la maîtresse du logis, ils examinèrent, non sans un sentiment pénible, cet intérieur propre sans doute, mais dénué de toutes les commodités de la vie.

— C'est affreux, dit assez haut, l'excellent M. Warnier! la veuve d'un officier dans ce dénûment! j'y mettrai bon ordre; car pour faire le bien et réparer une injustice envers un brave, tout général, même en retraite, est encore chef actif de l'armée! Sa femme le remerçia par un tendre regard de cette bienveillante disposition.

Madame Thiébaut entra ; son attitude était modeste, sa mise quoique très simple, ne laissait pas que d'être soignée; ses manières étaient distinguées et son langage celui de la bonne compagnie. Une profonde tristesse paraissait comme de coutume la dominer, et il était aisé de voir que tout en étant sensible à la politesse de M. et madame Warnier, elle eût mieux aimé rester ignorée dans la retraite qu'elle s'était choisie. Le général lui fit beaucoup de questions sur son mari, relativement à son arme, à son grade et surtout aux circonstances de sa mort. Madame Thiébaut parut embarrassée, répondit laconiquement et changea de conversation plusieurs fois de suite, soit qu'elle eût des secrets qu'elle ne voulait pas laisser pénétrer, soit que ces questions rouvrissent des plaies trop fraîches et trop douloureuses. Madame Warnier s'aperçut de sa contrainte à cet égard, et comme la curiosité n'entrait pour rien dans la volonté qu'elle avait de s'en approcher, elle parla de choses indifférentes et se retira après lui avoir réitéré ses offres de service. Le général ne parut pas très content de la réception qu'on leur avait faite : il prétendit que cette personne était susceptible et fière, bégueule, en un mot, et que la dissimulation dont elle avait usé vis-à-vis de lui ne présageait rien de bon. Madame Warnier, au contraire, ne vit dans la réserve de cette dame que la défiance du malheur et son cœur se sentit de plus en plus entraîné vers elle.

Huit ou dix jours se passèrent, au bout desquels, la famille Warnier étant à se promener dans le jardin fut contrainte de rentrer précipitemment pour éviter une tempête affreuse qui menaçait de fondre sur la montagne. Tous les habitants du château regardaient avec effroi les effets surprenants de l'orage : les arbres déracinés, les terres emportées, l'eau qui tombait mêlée de grêle et avec tant de violence qu'elle entraînait les vignes et les arbres fruitiers dont la colline était naguère parée, ce désordre de la nature avait quelque chose de sublime et d'effrayant qui glaçait le cœur et réduisait au silence! Soudain un affreux coup de tonnerre se fait entendre; la foudre tombe tout près de là, et avant qu'on se fût décidé à sortir pour juger au juste de ses ravages, madame Warnier s'aperçoit la première que des tourbillons de flamme et de fumée sortaient par les croisées de la petite maison de leur voisine. Le général et son fils volent au secours de cette malheureuse femme; les domestiques, animés par la voix et l'exemple de leurs maîtres, font des efforts inouïs. Enfin le jeune Warnier parvient, non sans peine, à faire retirer du foyer de l'incendie deux corps de femmes : l'un est celui de la vieille gouvernante qui, frappée sans doute par le fluide électrique, n'offre bientôt plus qu'un amas de cendres; l'autre est celui de madame Thiébaut qui, suffoquée par la vapeur sulfureuse, ne donne aucun signe de vie. Quelques minutes après la maison s'écroule et achève de se consumer.

On transporta madame Thiébaut au château, mais ce ne fut que bien avant dans la nuit qu'on parvint, à force de soins, à ramener la vie dans ce corps si frêle. Madame Warnier fit éloigner tout le monde, dès qu'elle vit que la connaissance allait revenir à la malade. Elle resta seule près de son lit, afin d'adoucir, autant que possible, ce que la vérité avait d'affreux pour le cœur de cette infortunée. Celle-ci sentit toute l'étendue de son malheur en se voyant dans un lieu qu'elle ne connaissait pas, sur un lit qui n'était pas le sien! Ses yeux cherchaient du moins la bonne Marianne, mais ils ne la trouvèrent point : cette douleur fut la plus amère, car puisque Marianne abandonnait à une autre la tâche de soigner sa Sophie, celle qu'elle regardait comme sa fille depuis qu'elle l'avait nourrie de son lait, il fallait que Marianne fût morte! la crainte d'acquérir cette triste certitude l'empêcha de questionner madame Warnier qu'elle avait déjà reconnue et dont les soins assidus lui causèrent en cette cruelle conjoncture quelque peu de soulagement. Toute humanité n'est-elle donc pas perdue sur la terre? pensa madame Thiébaut; s'y trouve-t-il encore des êtres qu'on ne puisse se défendre d'aimer? Quand on a beaucoup souffert on doute de tout, même de la vertu.

La nuit se passa de la sorte; vers le matin

madame Warnier entama la conversation, car elle avait deviné combien il y avait d'angoisses dans le silence de la malade et dans son apparente résignation. Après l'avoir questionnée sur ce qu'elle ressentait, elle parla de l'événement de la veille comme d'une chose facile à réparer.

—Hélas! dit en sanglottant madame Thiébaut, je sais que la pitié peut me rendre ma maison, mais qui me rendra Marianne, ce cœur si bon, si généreux, ce dépositaire fidèle de tous mes chagrins?

—Moi, lui dit avec la plus touchante effusion madame Warnier, moi; je serai votre amie, votre sœur, comptez sur une affection sans bornes, sur un dévoûment absolu.

Ces paroles furent un baume salutaire

pour la pauvre affligée; elle se jeta dans les bras de sa bienfaitrice qui de ce moment fut sa plus tendre amie.

Les premiers jours qui suivirent cet événement désastreux furent donnés à la tristesse; madame Thiébaut dînait avec la famille Warnier, mais elle passait le reste de son temps dans l'appartement qu'on lui avait assigné; peu à peu elle fut moins sédentaire et vaincue par l'inaltérable bonté de ses hôtes, elle ne les quitta presque plus. La famille Warnier se félicitait pour ainsi dire du hasard malheureux qui leur avait procuré une si aimable commensale et tous la chérissaient comme s'il l'eussent toujours aimée. Le général et sa femme s'étaient promis de faire reconstruire une jolie maison sur l'emplacement de l'autre; ils avaient de plus l'intention de fournir cette demeure de ce qui pouvait la rendre agréable et commode ; mais afin de garder leur amie près d'eux plus longtemps, ils faisaient à dessein retarder les travaux : si bien qu'il fut décidé d'un unanime accord que madame Thiébaut passerait l'hiver au château.

— Combien vous êtes bons, leur disait-elle, de vous intéresser autant à moi.... à moi que vous ne connaissez pas, à moi qui vous ai trompés, car vous ignorez qui je suis..... le nom même que vous me donnez n'est pas mon véritable nom. Il est temps que je paye vos soins par une entière confiance et que je vous apprenne enfin à qui vous avez si généreusement donné l'hospitalité. Le nom de Thiébaut, sous lequel je cache au vulgaire le secret de mes infortunes, n'est pas le mien ; vous voyez en moi la malheureuse compagne du colonel V***, condamné à mort en 1814 pour avoir été pris les armes à la main en cherchant à opérer un mouvement insurrectionnel. Ce fait est trop connu pour que j'en donne le détail que je n'aurais même pas la force de supporter. Mon mari allait être exécuté quand j'eus le bonheur de le sauver à force d'argent, de démarches et d'amis. Je l'emmenai loin de Paris comme un trésor qui m'appartenait en propre, puisque je l'avais arraché à ses bourreaux. Nous vivions ignorés dans le fond d'une province quand le bruit du débarquement de Napoléon parvint à ses oreilles. Dès le même jour, il partit pour voler à sa rencontre et rentra avec l'empereur à Paris, où je ne tardai pas moi-même à l'aller joindre. L'issue des cent jours trompa l'attente générale, et mon mari fut arrêté de nouveau portant encore les armes contre le duc d'Angoulême. Son procès ne fut pas long. Une cour martiale lança contre lui un arrêt de condamnation ou plutôt de lâche assassinat et je n'arrivai dans la province qu'il commandait naguère que pour être témoin de son exécution. Cette affreuse catastrophe est encore présente à mon esprit; les coups de fusils retentissent comme alors à mon oreille et six années écoulées depuis, n'ont pu affaiblir en moi l'horreur de ce moment. Il me restait une fille, je dus vivre pour elle, et pour elle accepter même les bienfaits des meurtriers de mon mari; car je demeurais absolument sans moyens de fortune. Par grâce spéciale on voulut bien lui continuer, sous le nom de Thiébaut qui était celui de mon père, la faveur de finir son éducation dans la maison de Saint-Denis; car mon père aussi était légionnaire et je crus pouvoir, sans forfaire à ma conscience, ne pas renoncer pour mon enfant chéri à cette part d'une des plus nobles institutions de Napoléon.

. . . .

Ma Laure y fut donc réintégrée et j'allai la chercher pour la conduire dans la province où nous avions précédemment élu notre domicile. La bonne Marianne était près d'elle, mon désespoir lui confirma notre commun malheur. Réunissant alors mes faibles ressources à celles de Marianne, que nous avions enrichie en des temps plus heureux, je suis venue me réfugier dans la modeste demeure qu'il a plu à Dieu de me retirer pour me prouver sans doute, par votre noble conduite qu'il est encore des êtres vertueux sur la terre.

La famille Warnier fut attendrie jusqu'aux larmes par ce récit et prodigua à la malheureuse veuve les consolations de l'amitié. Le général surtout la plaignit d'autant plus qu'il avait connu et estimé son mari ; aussi jura-t-il en lui-même de protéger la veuve et la fille de son ancien compagnon d'armes. Il ne fut plus question de petite maison et chacun consentit de grand cœur à vivre sous le même toit.

Madame Thiébaut allait tous les mois voir sa fille : les vacances étant arrivées, elle demanda et obtint la permission de faire venir sa Laure passer quelque temps à Bellevue. Elle écrivit à sa fille pour lui annonçer cette bonne nouvelle ; mais quel ne fut pas son étonnement d'en recevoir une lettre qui lui disait que sa santé n'étant pas bonne elle préférait rester à Saint-Denis. Cette tendre mère s'y transporta de suite pour juger par elle-même de l'état de son enfant, son unique bien, l'espoir de toute sa vie. Lorsqu'elle arriva près de la pension royale, son cœur battait avec violence dans la crainte d'apprendre quelque chose de fâcheux, mais elle fut bientôt rassurée, car c'était l'heure de la récréation et Laure courait, dansait et se faisait entendre par-dessus toutes les autres. C'était donc un caprice qui empêchait Laure de se rendre au vœu de sa mère : elle aimait donc mieux ses compagnes que cette mère qui donnerait sa vie pour lui sauver le moindre chagrin ; oh! que d'amertume il y eut dans cette conviction.

Laure n'eut pas beaucoup de peine à s'excuser; le cœur d'une mère croit si facilement à l'amour de son enfant ; cependant ce ne fut pas sans humeur que la jeune fille consentit à faire ses préparatifs de départ et de grosses larmes coulaient jusque sur son sein quand il fallut franchir la grille de la maison, « Hélas! pensa madame Thiébaut, voilà le résultat de quatre années d'une éducation étrangère! fatale nécessité, pourquoi m'as-tu séparée de ma fille?

Laure avait à peine ouvert la bouche pendant tout le voyage; en arrivant au château son front reprit un peu de sérénité, et lorsque madame Thiébaut la présenta à la famille Warnier, son air était calme et sa contenance presque satisfaite. « Eh quoi! se dit encore madame Thibaut, déjà de la dissimulation? est-ce donc à former une femme du monde que se borne aujourd'hui l'enseignement. La jeune pensionnaire parut fort bien aux époux Warnier, mais Paul, leur fils, la trouva ravissante : une taille de sylphide que diminuait encore une ceinture fortement serrée, de grands yeux bleus, un front d'albâtre, ombragé par les plus beaux cheveux blonds du monde, une bouche de rose!.. Laure à quinze ans devait tourner la tête de tout homme qui, comme Paul, ne cherche que la beauté. Pour l'observateur plus difficile, Laure, à un air fier et dédaigneux, joignait un cœur sec, et par suite beaucoup trop d'assurance pour son âge. Sa mère s'aperçut de tous ses défauts et regreta le parti qu'elle avait pris à son égard. Madame Thiébaut cacha soigneusement dans son sein le résultat de ses observations ; elle savait trop bien qu'une mère prudente ne doit jamais montrer aux autres les faibles de ses enfants. Un jour qu'elle se trouvait seule avec

Laure, elle l'interrogea sur ses études; Laure répondit qu'elle savait danser, broder, dessiner une tête d'après la bosse, et jouer passablement une sonate de Clementi, que pour ce qui était des études plus sérieuses, telles que la chronologie, la cosmographie, la géographie, la géodésie et beaucoup d'autres sciences en *ie*, elle avait trop peu de mémoire pour en retenir ce qu'on la forçait d'apprendre journellement.

— C'est trop et trop peu pour une personne sans fortune, lui dit sa mère, et j'aurais bien mieux aimé que tu te fusses livrée à l'étude spéciale d'un seul art que de les avoir effleurés tous.

— Il faut bien être agréable dans le monde, répondit Laure, et quand je serai mariée...

— Mais, reprit madame Thiébaut, on ne se marie pas quand on n'a point de dot, et tu le sais, je n'ai rien à te donner.

— Tant d'autres que moi se sont établies sans être plus riches, répartit Laure, qu'il n'y a pas de raison pour que cela ne m'arrive pas aussi. D'ailleurs, qu'est-ce que la fortune pour le bonheur?

Madame Thiébaut vit avec chagrin que sa fille était romanesque à l'excès, et qu'elle comptait sur sa beauté pour se marier avantageusement. Toutes les découvertes que faisait cette pauvre mère sur le caractère de sa fille la désolaient; elle finit par prendre son parti, attendant avec impatience la fin des deux années que sa fille devait encore rester à Saint-Denis. Seulement, elle se promit bien de la faire venir sans faute à chaque vacance, afin de combattre, s'il était possible, la fausse direction donnée au moral de cette chère enfant.

Quand Laure fut partie pour sa pension, tout rentra dans l'ordre accoutume à Bellevue; car cette jeune fille avait mis cette calme résidence sans dessus-dessous; et chacun avait dû céder à ses caprices. Il n'était pas jusqu'au général qu'elle n'eût distrait de ses méditations, auquel elle n'eût fait chercher pendant des jours entiers sa lorgnette qu'elle cachait à dessein, ou la carte qui lui servait à reconnaître la position de telle ou telle bataille.

—Cette jeune personne est bien turbulente, disait M. Warnier, et je plains fort le mari qui l'aura.

—Dites donc qu'il sera mille fois trop heureux, mon père, s'écriait Paul avec enthousiasme! est-il possible d'être plus jolie, plus aimable?

—Pour jolie, je le veux bien, dit le général, mais en conscience je la trouve fort mal élevée, et puis je ne la crois pas aimante; regarde un peu si jamais elle fait ou dit une tendresse à sa mère; tiens, mon fils, son cœur n'est pas bon. Paul ne répondait rien, mais il trouvait son père bien injuste.

L'année s'écoula paisiblement à Bellevue; l'intimité des deux amies devenait chaque jour plus étroite et le bon général aimait comme une sœur la compagne chérie de sa femme. madame Thiébaut répandait un charme incroyable sur leur intérieur : ce n'était pas une étrangère, mais sa présence causait cependant une petite gêne qui rompait la monotonie des réunions de famille. Paul devenait homme, il était beaucoup moins gai depuis le départ de Laure, et tout son temps était consacré à l'étude. Sa récréation se bornait à parcourir à cheval les environs du château à une ou deux lieues ; il avait demandé et obtenu plusieurs fois la permission de conduire madame Thiébaut à Saint-Denis, faveur à laquelle il attachait beaucoup de prix.

Le beau mois d'août revint et Laure avec lui; une année l'avait considérablement embellie; ce n'était plus un enfant folâtre et volontaire, mais bien une demoiselle importante, parlant à peine, regardant sans cesse dans la glace si les boucles de ses cheveux étaient bien posées sur son visage ou si les plis de sa robe n'étaient pas dérangés. Paul avait eu la galanterie de faire apporter de Paris un beau piano, un chevalet, des couleurs, des palettes, enfin tout ce qui pouvait plaire à Laure, qui s'en aperçut tout au plus, et ne remercia pas même celui qui s'était occupé de ses plaisirs. Madame Thiébaut trouva la raison de cette indifférence dans le peu de goût que montrait sa fille pour les arts. Qu'aimait-elle donc? souvent elle passait des heures dans sa chambre sans qu'on sût ce qu'elle y faisait. Sa mère voulut s'en assurer, et sa surprise fut grande en la trouvant un jour entourée de papiers, écrivant comme un auteur. Que fais-tu donc là? mon enfant lui dit-elle avec douceur. Laure rougit beaucoup et balbutia quelques mots sans suite. Sa mère inquiète de ce mystère jeta les yeux sur ce que Laure venait de tracer.

Les mots *d'amour pour la vie*, *de serments éternels*, *de fidélité à toute épreuve* frappèrent ses regards.

— Que veut dire ceci ? demanda madame Thiébaut avec effroi en se saisissant de tous les papiers qui étaient sur la table.

— Mon Dieu, maman, dit Laure, il ne faut pas vous fâcher comme cela : j'emploie mes heures de récréation à la pension à composer un roman ; c'est mon occupation favorite et je continue ici ce que j'ai commencé à Saint-Dénis.

— Eh quoi ! lui dit sa mère on ne s'inquiète donc pas de ce que vous écrivez ?

— Oh bien ! dit Laure, on aurait fort à faire s'il fallait suivre toutes nos actions, et puis d'ailleurs on croit que nous faisons nos de-

devoirs. C'est la mode à la pension, ces demoiselles composent des romans, et je passe pour une de celles qui écrivent le mieux; aussi mes compagnes m'ont toutes dit, que je deviendrais une femme de lettres très distinguée. Clarisse surtout à laquelle j'ai confié mon manuscrit et qui l'a lu dans sa famille, m'a assurée qu'on en avait été enchanté.

Madame Thiébaut ne put contenir sa colère et froissant dans ses mains les papiers qu'elle tenait, elle les déchira en mille pièces. Laure pleura à chaudes larmes pour ravoir au moins les morceaux de ce précieux travail; sa mère fut cette fois inexorable et livra aux flammes ce tas de paperasses.

Laure se mit au lit en prétextant la migraine, ce qui inquiéta beaucoup le bon Paul.

Il vint plusieurs fois demander de ses nouvelles et s'étonna du ton d'humeur avec lequel madame Thiébaut lui répondit que clae ne serait rien. Lorsque Laure reparut au salon, elle avait les yeux rouges, le teint pâle et l'air profondément affligé. Paul fut au désespoir! Laure a des chagrins, Laure, que tout le monde devrait adorer, n'est pas heureuse et Paul est dans l'impossibilité de la consoler; car madame Thiébaut ne laisse jamais sa fille seule avec lui : sans cesse attachée à son côté, Paul n'a pu lui dire combien il l'a trouve belle, et tout ce qu'il oserait pour son bonheur, si Laure le permettait,

Le temps des vacances se passe ainsi et la jeune fille retourne avec empressement à sa pension, tandis que tout le monde voit son départ avec chagrin; sa mère surtout ne la laisse rentrer à Saint-Denis qu'avec la plus grande répugnance. Elle ne tarda pas même à s'occuper sérieusement des moyens de retirer sa fille de pension et de lui procurer ainsi qu'à elle quelques moyens d'existence. Une autre raison la décida encore à prendre promptement un parti : ce fut la certitude, par elle acquise, de l'inclination de Paul pour sa fille. Paul, fils unique du général Warnier peut, par sa fortune, prétendre à un beau mariage : doit-elle tendre un piége à ses bienfaiteurs en introduisant près de leur héritier, une jeune fille qui n'a pour elle que sa beauté? la beauté, fatal présent de la nature lorsqu'il n'est pas accompagné des qualités qui le fait honorer des hommes et pardonner des femmes.

Après avoir mûrement réfléchi, madame Thiébaut se décida à prendre un appartement à Paris, où, secondée par sa fille, elle pourrait réunir de jeunes demoiselles bien nées pour leur enseigner les ouvrages propres à leur sexe, ce sera, se disait-elle, une école de travaux utiles, et peut-être cette essentielle industrie soutiendra-t-elle une pauvre veuve qui n'a d'autre désir que de sauver sa fille de la corruption qui la menace. Un matin donc, que madame Thiébaut se promenait avec son amie, elle lui fit part de son projet et ne lui cacha pas que, très effrayée du genre d'éducation qu'avait reçu sa fille, elle croyait ne pouvoir trop tôt la rappeler près d'elle, afin de lui donner l'habitude du travail et un peu de cette simplicité philosophique, sans laquelle il n'est pas de bonheur. Madame Warnier fut vivement affectée de cette nouvelle; le charme qu'elle trouvait dans la société de sa compagne, était devenu pour elle une douce nécessité; la crainte de la perdre bouleversa toutes ses espérances de bonheur, car ce cœur tendre et généreux ne concevait plus de plaisir dont madame Thiébaut ne dût pas goûter la moitié.

Le soir même, madme Warnier apprit à son mari le plan qu'avait formé leur amie pour se soustraire à leurs bienfaits, qui véritablement ne l'avançaient à rien.

—Eh bien! dit le général, il faut lui assurer un sort pour la retenir dans notre intimité, Paul est trop désintéressé pour s'opposer à une donation...

— Je ne pense pas, interrompit madame Warnier, que nous puissions déterminer madame Thiébaut à accepter ce que nous sommes disposés à faire pour elle; mais je connais un moyen infaillble d'y réussir, si vous y consentez. Paul a vingt-deux ans, notre vœux le plus ardent est de le fixer près de nous. Vous n'avez point d'ambition et cent fois je vous ai entendu blâmer les mariages d'argent. Eh bien! unissons-le à Laure; il ne demandra pas mieux, je vous assure, et de cette manière, nous conserverons convenablement près de nous tout ce que nous aimons.

Le général fut étourdi de cette brusque proposition; marier son fils qu'il regardait encore comme un bambin, osant à peine élever la voix devant lui et qui de ses jours n'avait émis une autre volonté que celle de ses parents!

— Votre projet, ma chère amie, dit enfin le général, me paraît assez séduisant, quant au fond, et Dieu me garde de sacrifier jamais mon fils à des considérations intéressés, d'autant plus que je suis fermement persuadé que la fortune gâte les hommes et leur vend ses faveurs à bien haut prix! Mais ce qui m'épouvante, c'est leur grande jeunesse: Paul a vingt-deux ans, Laure en a dix-sept, que feront en ménage des personnages à peine entrés dans la vie?

— Le bonheur de leur parents, répondit madame Warnier, nous aurons de la raison pour eux et jeunes encore, nous jouirons du bonheur ineffable de voir croître les rejetons de votre fils. Le général sourit à cette idée, et quand il avait ri, l'on obtenait tout de lui.

La bonne madame Warnier sauta de joie au cou de son mari, et sans attendre d'autres réflexions, elle courut retrouver son amie. La chose fut bientôt conclue entre elles, et Paul pensa devenir fou de joie quand on lui eut fait espérer qu'il serait un jour l'époux de Laure. Madame Thiébaut ne savait comment témoigner sa reconnaissance à ses dignes amis; souvent même elle craignait que les vertus de Laure ne répondissent pas aux sacrifices qu'on faisait à de si douces convenances; mais une mère se flatte facilement, et puis Paul était si heureux! Dailleurs ne serait-elle pas là pour diriger sa fille et réparer le tort que pouvait avoir fait une éducation mal entendue, sans doute, mais plus en rapport désormais avec son nouvel état de fortune. Rassurée par ce raisonnement, elle céda à l'empressement bienveillant de ses amis et partit pour Saint-Denis accompagnée de Paul, qui croyait ne voir jamais assez tôt celle qui devait faire, selon lui, le bonheur de sa destinée.

Laure fut pétrifiée, lorsqu'elle apprit de sa mère qu'on la retirait de pensiou; ses larmes coulèrent en abondance, et madame Thiébaut fut forcée de lui signifier durement l'ordre de se tenir prête à la suivre deux jours après pour des affaires qui ne pouvaient se remettre. Cette dame fut presque effrayée en voyant combien sa fille avait de répugnance à rentrer sous sa tutelle, et ce fut bien vivement qu'elle se reprocha d'avoir confié à d'autres cette molle argile qu'on peut former à son gré, mais dont on avait fait selon elle, un si mauvais usage.

C'est ainsi que le plus souvent des familles abusées sacrifient l'avenir de leurs enfants à l'éclat trompeur d'une éducation toute factice; pas assez parfaite pour leur tenir lieu de fortune, et trop brillante, toutefois, pour les mettre à même de pouvoir s'en passer. Laure fut emmenée par sa mère, malgré l'extrême chagrin qu'elle laissa voir de quitter ses compagnes; l'une d'elles surtout, ne pouvait s'en séparer : c'étaient des chuchotteries, des petits cadeaux, des recommandations de s'écrire exactement, enfin les démonstrations de la plus vive amitié. *Pourquoi ma fille ne m'aime-t-elle pas ainsi?* pensait la pauvre mère. *C'est que d'autres ont formé son cœur*, lui répondait sa conscience. La tristesse de Laure ne fit qu'augmenter de jour en jour, et les habitants de Bellevue en conçurent un chagrin d'autant plus réel, que la cause en paraissait incompréhensible. Paul se désespérait et suppliait sa mère de hâter son mariage avec Laure, afin de lui donner le droit de la consoler. Les deux amies pensèrent aussi que cet événement ferait diversion à la mélancolie de cette jeune personne. C'est pourquoi madame Thiébaut, ayant pris sa fille à part, lui annonça son intention de l'unir à Paul Warnier.

— Ce jeune homme, ajouta madame Thiébaut, est non seulement aimable et bien de sa personne, mais c'est encore un fils soumis et tendre, ce qui me fait augurer qu'il sera bon mari.

— Quoi! dit Laure, c'était là l'affaire importante que vous deviez me communiquer? je croyais qu'il s'agissait de toute autre chose; d'un mystère, par exemple, touchant ma naissance? d'autant plus que vingt fois il m'est venu à l'esprit que vous n'étiez pas ma mère...

— Bon Dieu! s'écria madame Thiébaut, qui a pu te donner de pareilles idées?

— Tout, repondit Laure, à commencer par vos propres paroles : ne m'avez-vous pas dit qu'il y avait dans ma famille de grandes infortunes que vous me cachiez à cause de mon jeune âge? et puis je voyais bien que vous n'étiez pas riche et que votre éducation ne répondait pas à celle que vous me faisiez donner. J'étais donc à peu près convaincue que je devais voir en vous une de ces excellentes gouvernantes auxquelles de nobles et riches familles confient des enfants que de puissantes raisons les forcent à tenir éloignés d'elles....

— Oh! quelle affreuse leçon! s'écria la malheureuse mère; n'as-tu donc pas vu et jugé ma tendresse quand j'étais près de toi; mes angoisses quand il fallait te quitter, et les privations que je m'imposais sans cesse pour subvenir au moindre de tes caprices. Ah! Laure, ah! ma fille, tu déchires cruellement mon cœur!

Des ruisseaux de larmes inondèrent les joues pâles de la pauvre madame Thiébaut sans soulager l'oppression de son sein. Laure enfin se jeta dans ses bras et lui demanda pardon de l'avoir affligée.

—Excusez-moi, ma mère, lui dit-elle, on m'a conté tant d'événements de ce genre, et j'ai lu dernièrement encore un roman dont l'héroïne.....

— Un roman! interrompit sa mère, eh! qui te l'a donné à lire?

— Oh! reprit Laure, nous en lisons beaucoup. Plusieurs de ces demoiselles en apportent au retour des vacances : nous les cachons bien et les brûlons lorsqu'ils sont lus.

— Laissons cela, ma fille, j'en sais assez; mais ce qu'il faut que je t'apprenne, c'est ce mystère que tu as si faussement interprété, mystère de sang qui peut-être plaira à ton imagination romanesque, s'il n'en guérit pas les travers. Tu es bien ma fille et celle d'un illustre et malheureux colonel V***, impliqué deux fois dans des troubles politiques et fusillé en 1815, au milieu d'une carrière qui s'était ouverte sous de plus heureux auspices. Entièrement ruinée par cette affreuse catastrophe, j'ai pensé qu'une éducation brillante te sauverait de la misère à laquelle tu semblais condamnée. Dieu sait, combien je suis punie d'avoir pris ce parti. Cependant, une voie de salut se présente, et j'espère que tu m'aideras à payer la dette de l'amitié. Depuis deux ans je succombe, pour ainsi dire, sous le poids des bienfaits de la famille Warnier; c'est elle qui m'a préservée de la ruine complète dont j'étais menacée par l'incendie de ma maison, quand je perdis à la fois et ce faible patrimoine et la seule amie que j'eusse eue jusque-là. Ces généreux voisins m'ont secourue, ils m'ont puissamment aidée à te soutenir, et maintenant ils couronnent leur ouvrage en m'offrant d'unir à toi leur fils unique, le digne héritier de tous leurs biens, et mieux que cela, de toutes leurs vertus ; car plus sages que moi ils n'ont confié à personne le soin d'élever leur enfant. Voilà, ma Laure, ce que j'avais à te dire et pourquoi je t'ai retirée brusquement de ta pension ; mon sort et le tien sont désormais entre tes mains.

Laure resta pensive : elle demanda quelques jours à sa mère pour réfléchir sur ce qu'elle venait d'apprendre et pour se décider.

Deux mois s'étaient écoulés depuis l'installation de Laure à Bellevue, et il y avait plus de quinze jours qu'avait eu lieu cette conversation entre la mère et la fille, sans que Paul en fût plus avancé. La jéune fille restait dans sa chambre, sous différents prétextes, et fuyait toutes les occasions de se trouver avec lui. Quelquefois on remettait à madame

Thiébaut des lettres pour Laure. Ces lettres étaient d'une intime amie, nommée Clarisse, et roulaient toutes sur des protestations d'amitié. Quelque exagérée que fût l'expression de ce sentiment, madame Thiébaut ne crut pas devoir s'opposer à cette correspondance, d'autant plus que Laure était plus aimable avec tout le monde quand elle avait reçu des nouvelles de son ancienne camarade. Un jour une de ces lettres annonça le prochain mariage de Clarisse avec un notaire de Paris; et celle-ci faisait les plus vives instances pour que Laure assistât à sa noce. Un billet de la mère de Clarisse était joint à l'envoi pour inviter aussi madame Thiébaut et pour la presser, dans le cas où elle refuserait, de confier mademoiselle Laure à une personne tout-à-fait recommandable qui, par hasard, devait passer à Montereau se rendant à Paris quelques jours avant le mariage.

Cette invitation déplut beaucoup à madame Thiébaut, qui, pour rien au monde, n'aurait paru dans une assemblée après l'affreuse catastrophe qui l'avait exclue de la société; elle refusa donc d'abord toute espèce d'arrangement à ce sujet; mais Laure pleura tant, que les bons Warnier plaidèrent sa cause; Paul surtout intercéda en sa faveur, ce qui lui valut quelques mots obligeants qui le dédommagèrent d'avance de ce qu'il aurait à souffrir pendant l'absence de celle qu'il aimait de toute la puissance de son ame, de celle dont le bonheur était son premier besoin. Il fut donc décidé que Laure assisterait à la noce et passerait huit jours avec son amie, après lesquels sa mère irait la rechercher. Paul poussa la complaisance jusqu'à faire le voyage de Paris pour s'y procurer quelques objets de toilette indispensables, puis un monsieur et une dame qui habitaient une campagne dans le voisinage vinrent la chercher et promirent d'en avoir le plus grand soin. Ce ne fut pas sans un affreux serrement de cœur que madame Thiébaut laissa partir sa fille. Les huit jours qui suivirent lui parurent un siècle, et le neuvième était à peine commencé, qu'accompagnée de Paul, elle alla réclamer sa fille. Il fallut faire connaissance avec les nouveaux mariés. La femme âgée de dix-huit ans était assez jolie, vive, spirituelle, d'une coquetterie achevée, et radieuse du contentement d'avoir épousé un homme riche, puisqu'elle ne possédait pas un sou. Le mari paraissait avoir cinquante ans, d'un abord froid, mais poli; il était aisé de voir que l'amour n'entrait pour rien dans le choix qu'il avait fait. C'était un arrangement formé à l'avance avec la mère de Clarisse, femme de trente-six ans au plus, infiniment plus séduisante que sa fille. Son mari, fonctionnaire dans les fournitures de l'armée et ami intime du notaire, était souvent absent pour le service de sa charge : pendant ce temps la jeune dame faisait obligemment les honneurs du notariat, et pour rendre cette combinaison plus naturelle, on avait imaginé d'unir les deux familles en une par le seul mariage possible. Il ne futpas difficile à madame Thiébaut de découvrir les secrets de cet intérieur; et, malgré les plus vives instances de prolonger son séjour, elle se hâta de reprendre sa fille en se reprochant encore sa faiblesse dans cette circonstance.

C'était en effet une grande imprudence que d'avoir permis à Laure de passer huit jours dans une telle société; car cette Clarisse était précisément la syrène dont les discours avaient gâté le bon naturel de Laure pendant le séjour à la pension; c'était elle qui lui avait prêté des romans et qui, perdue par l'exemple de sa mère, avait usé envers Laure de pernicieuses confidences et lui avait fait entendre pour la première fois le mot *amour*. Non un amour vertueux dont la source fût dans le devoir, mais un amour romanesque, effréné, qui ne se nourrit que de larmes ou de sang, et auquel on doit tout sacrifier. Elle avait fait bien pis encore, elle avait fait naître dans ce jeune cœur un sentiment que Laure, abusée, croit être l'amour des anges, et l'objet n'en est autre que le propre frère de Clarisse jeune homme de dix-neuf ans, sortant à peine du collége, et débutant dans le monde par la manifestation des doctrines à la mode. Un jour cet aimable étourdi voit Laure en allant faire visite à sa sœur avec sa mère. Il l'a trouve jolie et c'en est assez pour monter l'imagination de Clarisse qui bâtit là-dessus tout un édifice d'événements. Bientôt il n'est plus question entre les deux jeunes filles que de la visite qu'a faite ou que fera Edouard. Quand Clarisse voit son frère, elle ne l'entretient que de l'esprit et des grâces de Laure; des vers sont adressés à la charmante recluse par le galant Edouard, et c'est encore Clarisse qui se charge de les remettre et de les commenter, enfin cet esprit remuant finit par former, pour se distraire, une véritable liaison de ce qui d'abord n'était qu'un enfantillage.

En revoyant son amie, Laure lui a bien vite confié les projets de mariage qu'on a imaginés pour elle, mais elle se hâte d'ajouter qu'elle est disposée à résister pour conserver à Edouard la foi jurée.

— Garde-t-en bien lui dit Clarisse; tu ne sais donc pas, ma chère, qu'il faut avant tout un état dans le monde et qu'une femme n'est libre que du jour où elle est mariée. Vois ce que je fais en ce moment moi-même : j'épouse un homme qui serait mon père et qu'assurément je ne puis aimer; mais j'acquiers en l'épousant, l'indépendance nécessaire à une femme dans la société. Une fois mariée, je suis riche, importante et maîtresse de prendre l'amant qui me convient. Marie-toi bien vite aussi, ma bonne amie, puisque tu en trouves l'occasion, mon frère est trop jeune pour devenir ton mari : son sort n'est pas fait, et d'ailleurs, il ne faut jamais, en thèse générale, s'unir à celui qu'on aime, le mariage tue l'amour et vous vous chérissez trop vraiment pour penser jamais à contracter ensemble un pareil lien.

Laure trouva ce raisonnement bien singulier, car elle sentait qu'elle eût épousé bien plus volontiers Edouard que Paul ; mais son amie lui allégua de si bonnes raisons qu'elle finit par se rendre ; d'ailleurs, Edouard absent, ne pouvait plaider lui-même sa cause, ce qui fit que Clarisse l'emporta. Il fut décidé, séance tenante, que Laure se marierait pendant l'absence d'Edouard, et qu'on aviserait ensuite à correspondre par l'entremise de Clarisse. Ce fut dans ces dispositions, et sous cette fatale influence, que Laure retourna à Bellevue, aussi sa mère fut-elle très satisfaite quand elle la vit disposée à faire ce qu'on demandait. Madame Warnier, qui ne désirait rien tant que cette union, en hâta les préparatifs. Paul, au comble de ses vœux, fit plus de vingt voyages à Paris pour presser le terme des formalités, et grâce à son zèle, il devint en moins d'un mois l'heureux possesseur de Laure.

Ce fut un beau jour pour les habitan*s de Bellevue que celui où se célébrèrent les noces de Paul. Le bon général était rajeuni de vingt ans; toute la journée se passa sans qu'il allât regarder la plaine avec sa lorguette et pas une fâcheuse appréhension, pas un souvenir pénible ne se mêlèrent à sa joie; car lorsqu'il s'agissait de son fils, il oubliait jusqne'à sa défaite de Montereau. Madame Warnier fit distribuer aux pauvres de l'argent, des vêtements, et de plus une dot de 600 francs à la fille qui passait pour la plus sage de son voisinage. Enfin, elle mit en bonnes œuvres, l'argent qu'une autre eût employé en superfluités dans une telle circonstance : l'humanité l'emporta sur l'orgueil; cette tendance en vaut bien une autre. Madame Thiébaut pleurait de reconnaissance et de joie; elle ne savait que faire ni que dire pour témoigner l'état de son ame; son silence avait l'expression du bonheur; Paul était à moitié fou et doutait presque de sa félicité. La seule Laure resta froide et triste. Une foule de pensées l'assiégeaient; souvent même elle fut sur le point d'avouer qu'elle n'aimait pas Paul, et qu'elle ne voulait pas l'épouser; la honte la retint malheureusement pour tous ; que de chagrins un peu de courage eût évités à cette famille ! que de maux elle se fut épargnés !

Quelques temps après son mariage, son amie Clarisse vint la voir et passer plusieurs jours avec elle ; elle lui remit secrètement une lettre d'Edouard, dans laquelle ce jeune homme se plaignait amèrement de son manque de foi. *Vous ne m'aimiez pas, lui disait-il, puisque vous avez pu vous donner à un autre : cette nouvelle m'a causé un mortel chagrin, et si vous ne consentez à me voir, craignez tout de mon désespoir. Songez que je veux vous entretenir, ne fût-ce qu'un moment, et que si vous me refusez, je vais vous chercher jusque dans les bras de celui qui vous a enlevée à mon ardent amour.* Cette lettre bouleversa la pauvre Laure, qui déjà s'accoutumait à son nouvel état. Dès lors son mari lui devint insupportable et toutes ses pensées se tournèrent de nouveau vers celui qu'elle avait perdu sans retour. Clarisse ne voyait pas Paul du même œil que son amie ; elle le trouvait au contraire fort de son goût. Il n'était sorte d'agaceries qu'elle ne mît en œuvre pour lui plaire, mais ce fut sans le moindre succès. Paul, tout occupé de sa femme, ne songeait qu'à lui être agréable et s'il recevait Clarisse, c'était uniquement pour faire plaisir à Laure ; car elle lui était antipathique. Les femmes connaissent à merveille l'effet qu'elle produisent : aussi Clarisse vit avec dépit que ses charmes avaient manqué totalement leur effet. « Je m'en vengerai, dit-elle, et puisqu'il ne veut pas de mon affection je lui apprendrai ce que peut ma haine. » D'après cette résolution

Clarisse s'attacha à monter la tête de la faible et romanesque Laure, à tel point, qu'elle en obtint pour son frère une lettre de consolation, dans laquelle on le suppliait de prendre patience jusqu'à ce que l'occasion de le voir se présentât. Cette première faute commise, Laure n'eut plus de repos. Sans cesse tourmentée de quelque nouveau message qu'on trouvait moyen de lui faire parvenir, elle fuyait tout le monde, restait enfermée, évitait son mari, l'éloignait d'elle sous prétexte de souffrances physiques et rendait malheureux tout ce qui l'entourait.

Un jour que, seule avec Paul, elle paraissait plus triste encore qu'à l'ordinaire et que celui-ci lui demandait affectueusement la cause de ses chagrins.

— Tu ne la sauras jamais, lui répondit-elle, car tu ne m'aimerais plus, et pourtant ta tendresse me fait du bien.

— Peux-tu dire cela! dit Paul en pressant ses deux mains dans les siennes; moi, ne plus t'aimer, eh! ne suis-je pas ton meilleur ami? ayes confiance en mon amour, je t'en conjure à genoux; il n'est rien que je ne fisse pour te rendre à la santé, au bonheur! parle, demande, aucun sacrifice ne me coûtera, s'il est en mon pouvoir de te satisfaire.

Laure, touchée de ces marques de dévoûment, se jeta dans les bras de son mari, fondit en larmes et lui dit au milieu des sanglots qui l'étouffaient :

— Me pardonneras-tu si je parle?

— Tout au monde, dit Paul en pressant fortement contre sa poitrine sa jeune et belle épouse.

Laure allait sans doute avouer ses torts lorsque sa mère parut! on se remit du mieux qu'on put, et bon gré malgré, il fallut aller déjeuner. Il vint quelques visites peu importantes dans la journée, et Paul ne put rejoindre sa femme, qui d'ailleurs était sortie pour faire une petite promenade. Malheureusement, Laure reçut dans cette course, la lettre accoutumée, et toutes ses sages résolutions furent renversées. Edouard perdait patience et *jurait sur sa propre tête qu'il verrait Laure avant huit jours, et que, dût-il mourir, il fallait qu'il la revît.* Laure, l'infortunée Laure, ne savait plus que résoudre; ainsi balancée entre le devoir et la passion, elle dissimulait mal le trouble de son ame. Lorsqu'elle parut à table sa figure était si pâle, ses traits si altérés que tout le monde lui en témoigna une bienveillante inquiétude. Paul surtout s'en affligeait du fond du cœur en pensant que la conversation du matin avait trop ému sa femme. Dès qu'il put se retirer il l'a fit rentrer dans son appartement et renouvela ses protestations et ses prières ; mais l'heure de la confiance était passée ; ce n'était plus Laure repentante et s'avouant ses torts, c'était la femme sous le joug, ne pensant plus qu'au moyen de tromper un mari confiant et prêt à lui tout sacrifier.

—Vous voulez, lui dit-elle froidement, savoir la cause de mes chagrins, eh bien ! je vais vous la dire. Je m'ennuie à périr dans cette campagne et je sens que je mourrai si je ne puis, de temps en temps au moins, passer quelques jours à Paris. Paul fut enchanté de cet aveu et trouva que ce petit caprice était facile à contenter.

—Calme toi, cher ange ! lui dit-il, et s'il

ne te faut que cela pour te rendre heureuse; je vais travailler à ton bonheur.

Effectivement, quelques jours après cet entretien, Paul saisit l'occasion d'une affaire d'intérêt qui appelait son père à Paris pour lui offrir de le remplacer, ajoutant qu'il emmènerait sa femme pour la distraire et lui faire voir ceux des théâtres qu'elle ne connaissait pas. Le général se prêta volontiers à un arrangement qui lui évitait tout contact avec la capitale, il donna des instructions à son fils et souhaita bien du plaisir au couple voyageur. Il n'en fut pas de même de madame Thiébaut qui eut un profond chagrin de voir partir sa fille; elle tenta même quelques observations, qui ne furent point écoutées, et force lui fut de se taire; car ce n'était pas à elle à mettre son gendre en garde contre sa fille. Elle espéra d'ailleurs que l'extrême bonté de Paul, les soins assidus dont il entourait sa femme et les plaisirs qu'il allait lui donner, la soustrairaient aux mauvais conseils et à l'exemple pernicieux d'une société corrompue. Et puis les deux mois que Paul avait demandés à son père seraient bientôt passés. Malgré ces réflexions, ce ne fut pas sans un affreux serrement de cœur que cette bonne mère les vit s'éloigner.

Arrivé à Paris, Paul prit un appartement que lui avait choisi Clarisse dans son voisinage. Il n'aimait pas cette femme, mais elle était la seule amie de Laure, pouvait-il lui refuser cette compagne? Il se repentit bientôt de sa condescendance; car cette artificieuse créature devint pour ainsi dire la maîtresse de sa maison. C'était elle qui arrangeait les parties de plaisir pour chaque soirée ; le jour, quelques visites ou emplètes à faire prenait tout le temps de Laure, si bien que Paul ne voyait, pour ainsi dire, sa femme, que dans la société de Clarisse. Ce fut en vain qu'il protesta contre un train de vie qui n'était ni dans ses goûts, ni conforme à sa fortune actuelle ! Laure alors jetait les hauts cris, pleurait, se désespérait et finissait par obtenir tout de son trop faible mari.

Edouard avait revu Laure avec enthousiasme ; ce qui dans le principe n'était qu'une pure fantaisie devint en raison des obstacles une passion effrénée. Maintenant que cette femme appartenait à un autre, il aurait sacrifié le monde à sa possession. C'était un de ces hommes sans principes, entièrement guidé par le plaisir présent et personnel, ne croyant à rien qu'à son mérite, n'estimant rien parce qu'il n'avait frayé qu'avec des êtres méprisables, et ne considérant la vie que comme une série de sensations plus ou moins agréables qu'on pouvait supporter tant qu'elle vous était légère; mais dont une petite balle et un peu de poudre vous avait bientôt fait raison. Ajoutez à ce moral, une taille élégante, une figure distinguée, des manières insinuantes, une volonté de fer, un regard d'aigle: tel était Edouard à vingt ans!...

Cet homme, que Laure ne voyait librement que chez Clarisse, avait pris un tel ascendant sur son esprit, qu'elle ne faisait que ce qu'il lui ordonnait de faire. Par exemple, si elle devait aller au bal et que cela lui déplût, il le lui défendait et Laure restait; il ne lui parlait jamais quand il se trouvait dans une société avec elle; mais un de ses regards suffisait pour l'empêcher de danser, de causer ou toute autre chose de semblable. Paul, dupe de cette double dissimulation, ne concevait rien au caprice de sa femme qui, tantôt gaie, tantôt triste changeait vingt fois d'attitude en une soirée. Laure voulait toujours aller au spectacle, puis aussitôt qu'elle y était, elle devenait distraite, ne regardait plus ce qu'on jouait et n'aurait pu dire le lendemain, ce qu'elle avait vu au théâtre.

Paul n'avait pu concevoir aucun soupçon, jamais Edouard ne s'était pour ainsi dire offert à ses yeux. Seulement, il ne concevait rien au caractère bizarre et soucieux de sa femme, il crut un moment qu'une grossesse était peut-être la cause de ce dérangement, mais bientôt détrompé, il en conçut lui-même un indicible chagrin. L'hiver venait de finir, Paul parla de retourner à Montereau; Laure s'y opposa quelque temps, sous différents prétextes; enfin, Paul exigea qu'elle partît. Dès ce moment s'établit une bouderie entre Laure et lui, que rien ne put faire cesser; arrivée à la campagne, elle feignit une indisposition assez grave pour nécessiter deux lits. Cela dura si longtemps que le mari prit de l'humeur et qu'enfin il en résulta une vive contestation.

Laure s'emporta comme jamais elle ne l'avait fait, et finit par déclarer à Paul qu'elle s'était toujours sentie pour lui une répugnance insurmontable qui était devenue une véritable aversion; qu'enfin, elle vivrait avec lui puisque la loi l'y forçait, mais que rien d'intime n'existerait entre eux désormais. Paul, furieux ne savait que penser et commença à croire sérieusement que sa femme avait le cerveau malade. Il la plaignit et se promit de mettre tout en œuvre pour calmer cette pauvre tête. Hélas! il ignorait qu'un génie infernal errait autour de cette infortunée, et que de loin comme de près, il était le directeur absolu, le maître de toutes ses actions. Edouard avait dit à Laure « Je ne puis supporter qu'un autre que moi possède tes charmes divins!.. jure-moi que tu sauras les défendre de toute atteinte. » Et Laure avait juré, et Laure tenait son serment.

Les choses ne pouvaient aller longtemps de la sorte. Paul avait ramené de nouveau sa femme à Paris, sous le prétexte de consulter un médecin; mais bien pour cacher à sa famille les troubles de son intérieur. Chaque jour les augmentait, et quand il lui fut bien démontré que sa femme avait pour lui une aversion invincible, tout espoir de bonheur lui fut enlevé. Il ne rêva plus qu'un eloignement indéfini. Après avoir fait et défait mille projets plus fous les uns que les autres, il se détermina à prendre un intérêt important dans une industrie commerciale entre Paris et Londres; il reconduisit sa femme près de sa mère, et annonça à sa famille qu'il partait pour l'Angleterre, où l'appelait le traité qu'il venait de souscrire. Son père se fâcha contre lui, traitant sa conduite de fièvre ambitieuse.

— Quoi! lui disait-il, tu vas quitter tout

ce que tu aimes pour courir après un peu d'argent? n'es-tu donc pas assez riche de la moitié de mon bien? prends tout si tu le veux, mais ne quittes pas ton vieux père goutteux et infirme; ta mère dont le seul bonheur est de te voir; ta jeune femme, dont la tranquillité paraît altérée par je ne sais quoi d'extraordinaire! reste près de nous, ou bien partons ensemble.

. . . .

Ces dernières paroles émurent fortement Paul: de grosses larmes qui coulaient le long de ses joues passèrent sur celles de son père qu'il embrassait tendrement, puis jetant un regard d'angoisse sur sa femme, qui était restée froide et impassible, il sortit à la hâte de l'appartement. Deux heures après, un petit mot adressé par Paul à son père lui apprit son départ pour l'Angleterre.

Madame Thiébaut ne fut pas dupe de cette histoire : elle vit bien que sa fille était seule cause de ce départ précipité ; mais elle n'osa parler à personne de ses craintes trop fondées, pas même à son amie, tant elle redoutait les justes reproches de madame Warnier. Cette dame, de son côté, était loin de se féliciter du mariage de son fils ; mais elle avait le cœur trop droit pour rendre son amie responsable des torts de sa fille. Tout cela apportait une gêne excessive dans cette petite société ; et ce qui aurait dû resserrer ses liens les avaient presque rompus.

Quelques mois se sont péniblement écoulés depuis le départ de Paul ; on avait seulement reçu deux ou trois lettres de lui : Il parlait de ses affaires qui, disait-il, tournaient très bien et l'obligeaient à rester encore. Il demandait des nouvelles de tout le monde collectivement et donnait une adresse à Londres afin qu'on pût lui répondre. Pendant ce temps, Laure passait sa vie à lire et à se promener. Elle avait deux fois reçu la visite de son amie Clarisse et avait demandé instamment de retourner à Paris avec elle; mais madame Thiébaut s'y était formellement opposée, disant, qu'en l'absence du mari, la mère reprenait ses droits. Laure avait abandonné son projet assez facilement, ce qui avait fait croire à madame Thiébaut qu'il suffisait de tenir tête à sa fille pour la dompter. C'est qu'elle ignorait, la pauvre dame, que rien alors n'attirait vivement Laure à Paris !

C'était l'été, tout le monde était à la campagne. Edouard n'aurait pour rien au monde passé la belle saison dans la capitale, attendu que la pêche et la chasse l'attiraient ailleurs. Tout ce qu'il pouvait faire était d'écrire à Laure, dont il commençait à se dégoûter sensiblement. Elle l'accablait de son amour, de ses protestations et l'aimait trop pour en être longtemps aimée. Entraîné dans une partie de campagne, où beaucoup de dames s'étaient disputé sa conquête, Edouard négligea de répondre aux lettres de Laure pendant plus de quinze jours. Il reçut à son retour à Paris une série de reproches qui l'ennuyèrent, et prenant un ton d'humeur, il repondit sur-le-champ *qu'il était temps de terminer une liaison qui ne pouvait mener à rien, puisque Laure avait un mari, une position ; qu'il ne pouvait aimer qu'une femme véritablement à lui, capable de lui tout sacrifier parents, mari, fortune et préjugés ; qu'autrement il fallait aussi lui qu'il pensât à son sort, et qu'il rompît un lien qui entravait son avenir*. Laure lut et relut cette fatale lettre ; elle y pensa toute la nuit et prit une résolution terrible. Elle crut voir dans cet écrit l'appel d'un cœur jaloux; rien alors ne put la retenir, aucune considération ne l'arrêta sur le bord de l'abîme sans fond où elle se précipitait volontairement; munie de ces précieuses lettres et d'un peu d'argent, elle s'éloigna de Bellevue et disparut sans que personne s'en doutât. Plusieurs fois dans la journée on l'avait fait demander sans s'inquiéter autrement de son absence; car elle avait l'habitude de sortir seule assez souvent.

Cependant l'heure du dîner ne l'ayant pas ramenée, on questionna les domestiques sur cette disparution, et à force d'enquêtes, on découvrit que Laure avait pris la route de Paris. Madame Thiébaut, indignée d'un tel manque de convenance, se repandait en plaintes contre sa fille ; madame Warnier l'excusa sur la vie monotone qu'on menait à Bellevue et sur sa jeunesse ; le général hocha la tête en disant.

— Je ne voulais pas de ce mariage et j'aurais dû suivre mes pressentiments, car jamais ils ne m'ont trompé. Tenez, continua-t-il, la nuit qui suivit la bataille de Montereau, une foule de mauvais rêves m'avaient tourmenté, et si l'on avait voulu me croire......

— Il s'agit bien de bataille, interrompt madame Warnier, c'est une escapade de jeune femme; Laure est allée tout simplement voir son amie comme elle le voulait il y a quelques semaines.

Malgré cette probabilité, madame Thiébaut ne put maîtriser son inquiétude, et le lendemain n'ayant point apporté de nouvelles de Laure, elle partit pour l'aller chercher. En arrivant rue de la Chaussée-d'Antin, où demeurait Clarisse, elle osait à peine franchir le seuil de la porte, et lorsqu'elle s'adressa au domestique pour demander si sa maîtresse était visible, elle attachait ses yeux sur cette homme comme pour lui dire : « Où donc est ma fille? » Le domestique répondit tranquillement que *madame était aux eaux d'Aix depuis huit jours*. Cette réponse, si simple en elle-même, pensa faire tomber à la renverse la pauvre mère qui cherchait des yeux avec anxiété si du moins elle n'apercevrait pas sa fille. Enfin le voile se déchira et madame Thiébaut vit clairement que Laure s'était à jamais perdue.

Revenue de sa première stupeur, madame Thiébaut donna le change au domestique en mettant sur le compte d'un malentendu ce qui venait de se passer; puis elle partit sans vouloir même parler au maître de la maison, car elle aurait voulu cacher au fond de son cœur l'infamie de sa fille. Son premier mouvement fut d'employer quelque moyen violent, tel que les ressources de la police pour découvrir les traces de Laure; mais bientôt la réflexion lui conseilla de ne confier à personne ce fatal secret de famille, et de retourner en hâte en conférer avec ses amis. Lorsqu'elle rentra au château elle fondit en larmes et raconta au général et à sa femme, la triste issue de son voyage; ceux-ci furent attérés, car s'ils trouvaient Laure fantasque et peu aimante, ils la croyaient incapable d'une infamie : tous trois délibèrent quelques jours avant de se déterminer, espérant toujours apprendre ce qu'était devenue la fugitive; ils finirent par se décider à instruire Paul de ce fatal événement.

Lorsque cette lettre arriva à Londres, Paul en était absent pour un mois au moins, relativement à une tournée qu'il faisait en Ecosse. N'attendant rien de consolant, il n'avait pas dit qu'on lui envoyât ses lettres. Retenu plus qu'il ne le croyait, il ne revint dans la capitale de l'Angleterre que trois mois environ après la fuite de sa femme.

Plusieurs lettres de sa famille lui annonçaient cet affreux malheur; *on s'y plaignait amèrement de son silence auquel on ne comprenait plus rien.* Ce coup fut terrible à supporter. Paul sentit alors qu'il était des chagrins plus affreux que ceux dont il avait tant souffert, et que maintenant il se trouverait heureux de n'avoir à subir que l'indifférence de sa femme. « Voilà donc la cause de sa haine? disait-il en parcourant sa chambre à grands pas; non seulement elle ne m'aimait pas... mais elle en aimait un autre... Eh! quel est cet autre encore?.. Si je le connaissais, je pourrais laver mon injure dans son sang, je pourrais lui arracher la perfide qui s'est jouée de moi si indignement, et lui rendre à mon tour les angoisses qu'elle m'a fait souffrir; mais où la trouver!... ou? » Puis une idée lui vint tout-a-coup, et soudain il ordonna les apprêts du départ.

A peine débarqué, il se rend directement à Paris, y arrive au point du jour, prend quelques heures de repos et se fait conduire sans délai chez Clarisse, qui venait de se lever. Il insiste pour lui parler, on l'introduit. « Je viens, madame, lui dit-il sans préambule, vous demander ce que vous avez fait de ma femme? je n'ignore pas quel empire vous aviez sur elle : et convaincu que vos perfides conseils l'ont perdue, je vous déclare maintenant qu'il me la faut morte ou vive; autrement, je saurai bien vous forcer à me la rendre. » Clarisse voulut s'excuser et nier toute coopération de sa part à la conduite de Laure; mais Paul lui signifia de ce ton qui ne laisse aucun doute, qu'il lui fallait bon gré malgré des nouvelles de sa femme avant vingt-quatre heures. Il sortit ensuite en laissant sur la cheminée une carte indiquant son adresse; puis il plaça vis-à-vis de la demeure de Clarisse un commissionnaire avec ordre de la suivre partout où elle pourrait aller dans la journée, et de venir après l'en instruire. Il rentra chez lui et resta jusqu'au soir les yeux fixés sur la porte pour voir plus tôt celui qui viendrait lui apporter des renseignements; enfin, vers sept heures de l'après dîner, son commissionnaire l'y rejoignit et dit *que la dame qu'on l'avait chargé de surveiller était sortie à cinq heures à pieds; qu'au détour de la rue elle avait pris un fiacre pour se faire conduire à Belleville, rue des Prés-Saint-Gervais, n. 14, et que l'ayant vue ressortir de cette maison et rentrer chez elle, il était venu en toute hâte lui rendre compte de ce qu'il avait découvert.* Paul paya généreusement son intelligent commissionnaire, monta en cabriolet et fut en moins d'une demi-heure à la rue des Prés-Saint-Gervais.

La maison du n° 14, était celle d'un médecin qui, comme l'indiquait le tableau placé sur sa porte, recevait des pensionnaires. Paul entra sans hésiter demandant à parler en particulier au maître de l'établissement et lorsqu'il fut avec lui dans son cabinet, il prit la parole et de ce ton de fermeté propre à démontrer combien l'affaire dont il allait l'entretenir était importante pour lui, il commença en ces termes :

—Je ne viens pas, dit-il, vous consulter comme médecin, monsieur; mais je m'adresse à votre honneur pour avoir des renseignements sur une jeune dame qui doit demeurer dans votre maison, je ne sais sous quel nom. Elle est blonde, d'une santé délicate, et n'a pas encore dix-neuf ans. Je le répète, monsieur, c'est à votre honneur que j'en appelle, et si vous êtes époux et père vous aiderez une famille honorable à retrouver cette jeune femme qui à disparu de son sein depuis plus de quatre mois.

Le médecin ne savait trop que faire, car il pensa que Paul devait avoir un rôle dans ce drame; cependant, son air n'ayant rien d'hostile, il le prit pour le frère de la fugitive et crut de son devoir de lui dire la vérité.

— Il est vrai, monsieur, répondit-il, que j'ai chez moi, depuis quinze jours seulement, une jeune dame, dont l'extérieur repond à celui que vous me désignez. Le mystère dont elle s'entoure m'aurait empêché même de la garder sans le vif intérêt qu'elle m'a inspiré, et l'état affreux dans lequel elle a été remise entre mes mains. C'était un jeudi soir; une voiture s'arrêta à ma porte. Deux dames qui étaient dedans me firent appeler, et l'une d'elle me demanda si je n'aurais pas un appartement disponible pour son amie malade d'une chute qu'elle avait faite en voiture. Je fis préparer à la hâte un lit, car la malade me parut extrêmement souffrante. Comme il était fort tard, son amie partit et je demeurai seul avec ma nouvelle pensionnaire. Je voulus la questionner sur son état, elle me repondit qu'un peu de repos lui était absolument nécessaire, et qu'elle me priait instamment de remettre au lendemain ma visite comme médecin. Je me retirai, et le jour suivant, lorsque les convenances me le permirent, je me présentai chez *madame Thiébaut*, c'était le nom qu'on m'avait donné. Paul fit un mouvement; car alors il ne douta plus que ce ne fût sa femme. Le médecin continua : le jour me permit alors de juger de l'état horrible où elle était réduite ; tout son corps semblait couvert de contusions; ses grands yeux bleus étaient profondément cernés de noir, et son cou montrait des marques d'une pression extraordinaire. J'interrogeai cette infortunée sur la cause des violences dont je voyais clairement les indices, elle ne me répondit que par d'abondantes larmes. Dès lors je ne pensai plus qu'à la soigner pour remédier du moins aux douleurs physiques. Une fièvre ardente la consumait, et je m'aperçus, avec inquiétude, qu'elle était grosse de trois mois à peu près. « Paul devint pâle comme la mort à ces horribles révélations et peu s'en fallut qu'il ne se trouvât tout-à-fait mal. Le médecin ne le remarqua même pas tant il était préoccupé de ce qu'il racontait : il ajouta donc. » Pendant quelques jours je craignis une fausse couche qui paraissait imminente, mais à force de soins j'ai su prévenir ce terrible accident, et notre jeune malade est aujourd'hui hors de tout danger.

Paul serra machinalement la main de ce brave homme sans pouvoir articuler un seul mot. Le médecin reprit :

— Elle a déjà demandé à écrire, ce que j'ai refusé impitoyablement ; car sa tête est si faible, qu'il a fallu les plus grandes précautions pour empêcher une aliénation mentale dont elle est fortement menacée.

— Je vous remercie de ce que vous avez fait pour cette infortunée, et je me réserve de vous en témoigner ma vive reconnaissance, dit Paul avec douceur, puis il demanda si elle avait reçu quelque visite depuis qu'elle était dans la maison.

— Nulle autre, répondit le médecin, que celle de la dame qui était avec elle le soir de son arrivée; encore avais-je défendu qu'elle vînt trop fréquemment, car j'observais que la malade souffrait bien davantage après ces entrevues. Aujourd'hui pourtant cette même dame est revenue et toutes deux sont restées enfermées plus d'une heure ensemble. Je me suis aperçu après son départ que ma pauvre cliente avait beaucoup pleuré.

— Maintenant, Monsieur, dit Paul, je vous supplie de garder le plus profond secret sur ma visite. Demain dans la matinée je serai ici pour aviser, avec cette dame elle-même, à ce qu'il faut faire dans son intérêt. Peut-être est-il eucore temps de la sauver du déshonneur.

Le bon médecin ne comprit pas trop comment cela se pourrait dans l'état où se trouvait celle qu'il croyait fille ; mais il fut enchanté de voir que quelqu'un s'intéressât à elle, et fidèle à sa promesse, il ne dit à personne un mot de ce qui venait de se passer.

Dès le matin suivant, Paul était chez le docteur avec une voiture; le médecin le conduisit dans un salon à côté duquel était une autre chambre; puis la désignant de la main, il se retira. Paul resta quelques instants sans oser pousser cette porte déjà entr'ouverte, et par un mouvement involontaire, il approcha son œil de l'ouverture. Grand Dieu! que vit-il? Laure! car c'était bien elle, couchée sur un canapé et tellement changée qu'on eût pu facilement croire qu'elle venait d'expirer. Ce visage, jadis si beau, aujourd'hui si maigre et si pâle, était appuyé sur une main presque décharnée. Plusieurs marques de contusions se voyaient encore sur sa figure; comme pour rappeler les mauvais traitements dont elle avait été victime et exciter la commisération. « Fatale passion, se dit Paul, à quelle épreuve as-tu soumis cette infortunée? » Un léger mouvement qu'il fit pour entrer attira l'attention de Laure qui le reconnut, jeta un grand cri et tomba à genoux en s'écriant :

— Grâce! grâce! pitié!

Paul, dont le courroux s'était dissipé à la vue des souffrances de Laure, la releva avec bonté et se hâta de lui dire *qu'il ne venait pas pour lui faire du mal; que son intention, au contraire, était de la rendre à sa famille et que tout ce qu'il réclamait d'elle était de se prêter à ce qu'on voulait mettre en œuvre pour la sauver*. Un torrent de larmes soulagea Laure; Paul ne put retenir les siennes, seulement il cacha son attendrissement, et voyant qu'elle hésitait à le suivre, il lui rappela *qu'il était en droit de l'exiger*. L'air sévère avec lequel il dit ces paroles, décida Laure. Pendant qu'on faisait les préparatifs du départ, Paul alla trouver le médecin, le remercia de ses soins et de sa discrétion, le paya généreusement et prit congé de lui; puis il monta en voiture, emmenant avec lui cette Laure qu'il avait tant aimée, cette Laure pour qui son cœur compatissant ressentait, en ce moment même, une tendre pitié. La voiture était arrangée de manière à ce que la malade ne souffrît pas de son mouvement; cependant sa faiblesse était si grande qu'on fut obligé de s'arrêter plusieurs fois pendant le trajet, car le jeune Warnier s'était mis incontinent en route pour se rendre à Montereau en droiture et à petites journées. Paul faisait préparer un lit pour sa pauvre malade et songeait à tout ce qui pouvait la soulager, puis il se retirait dans une chambre voisine, d'où il pût encore veiller sur elle. Un soir qu'il venait de la quitter et qu'il s'était mis à écrire, il crut entendre des gémissements : il prêta l'oreille, et reconnut distinctement le bruit de sanglots étouffés qui lui fendirent l'âme. Il s'approcha doucement de la porte et vit par le trou de la serrure sa femme à genoux près d'une chaise, la tête appuyée sur ses deux mains et pleurant à chaudes larmes. Paul ne put tenir à ce tableau déchirant : il entra doucement, puis relevant affectueusement Laure, il lui dit :

— Ce n'est pas là ce que vous m'aviez promis ! voulez vous donc détruire entièrement votre santé ?

— Hélas ! répondit Laure ; je veux mourir avant d'arriver où vous me conduisez. Je sens que je n'aurai pas la force de supporter la vue de votre mère, les justes reproches de la mienne et la honte qui m'environnera.

— Vous me connaissez bien mal, Laure, puisque vous me croyez assez barbare pour vouloir me repaître de vos angoisses : tenez lisez la copie d'une lettre que j'ai écrite à ma mère et qui lui sera parvenue deux jours avant notre arrivée. Maintenant calmez-vous, mettez-vous au lit et secondez-moi dans ce qui peut hâter votre guérison. C'est tout ce que vous demande un ami bien malheureux.

En disant cela, il s'éloigna rapidement après avoir remis à Laure la copie d'une lettre qu'elle se hâta d'ouvrir et qu'elle trouva conçue en ces termes.

« Pardon, mille fois pardon mes parents, bien aimés, si je vous ai laissés si longtemps dans l'inquiétude mortelle où vous a jetés le départ précipité de Laure : un enchaînement bisarre de circonstances en est cause et non la faute de votre fils qui donnerait le bonheur de toute sa vie pour vous épargner un jour de souffrances. Il faut que vous sachiez d'abord que ma Laure avait voulu me suivre, et que des affaires m'ayant empêché de condescendre à ce désir, une querelle s'était établie entre nous à ce sujet. Laure s'imagina que je ne l'aimais pas : un peu de jalousie s'en mêla et telle fut la cause de son imprudente détermination. Elle partit pour venir me surprendre et arriva précisément à Londres peu de jours après que j'avais quitté cette capitale pour me rendre en Ecosse où elle ne me rejoignit qu'après d'assez longues recherches. Elle me cacha d'abord l'incertitude où elle vous avait laissés sur son sort, et ce ne fut qu'après mon retour à Londres que vos lettres m'apprirent vos justes inquiétudes. J'en fus désolé et je serais venu de suite vous rassurer moi-même si ma femme ne fût tombée assez dangereusement malade des suites d'une chute que nous fîmes en voiture. Elle est hors de danger, grâce à Dieu, et dans quelques jours nous irons tous deux réclamer votre indulgence relativement à une escapade qui pouvait avoir les plus funestes résultats. »

Oh! le plus généreux des hommes, s'écria Laure avec enthousiasme, comment n'ai-je pas lu dans ton noble cœur toute la félicité que m'en promettait la possession?

Un torrent de larmes coula sur ses joues creusées par la souffrance; mais ces larmes étaient douces, car la reconnaissance en alimentait la source; c'était une de ces rosées bienfaisantes qui raniment la prairie brûlée par le soleil de juillet. Laure se mit au lit et reposa quelques heures. Vers le matin on remonta en voiture pour faire les cinq lieues qui restaient encore à franchir. Laure paraissait assez calme, cependant ses joues s'animèrent d'un rouge ardent lorsqu'elle aperçut Bellevue.

— Courage, lui dit Paul, souvenez-vous que c'est à moi de parler.

Quelques instans après le vieux général, sa femme et madame Thiébaut pressèrent tour à tour sur leur cœur les deux fugitifs ; quand on se fut embrassé, on se regarda ; Paul s'attendait à l'effet que produirait sur sa famille la vue de Laure.

— Elle est bien changée, dit-il, notre Laure, mais comme nous avons été en danger de la perdre, il faut nous trouver heureux de ce qui nous reste ; d'ailleurs, j'espère que l'air de la campagne, les soins de sa mère et l'affection de ses amis la guériront tout-à-fait.

Il fit ensuite un signe à sa mère et à madame Thiébaut pour changer de conversation.

Paul conduisit sa femme dans le salon en la soutenant sous les bras, tant ses jambes étaient tremblantes. Puis l'ayant recommandée aux soins de madame Warnier, il alla avec madame Thiébaut faire préparer l'appartement de Laure.

—Dans quel état nous la rendez-vous? dit avec amertume cette bonne mère.. Oh! que vous est-il donc arrivé? car vous même n'êtes pas bien. C'est en vain que vous voudriez dissimuler, mon ami; ma fille serait-elle condamnée? et ne nous la ramenez-vous que pour nous rendre témoins de sa mort?

Paul rassura madame Thiébaut et lui jura qu'elle se trompait ; que tout danger était passé; mais qu'il fallait un repos absolu à la malade et surtout se garder de fixer son attention par des conversations fréquentes, s'abstenir en un mot de tout ce qui ressemblerait à un interrogatoire, attendu que c'était le cerveau qui était attaqué.

Quand Laure entra dans son appartement, elle le trouva dans le même état que lorsqu'elle l'habitait : un seul changement venait de s'y faire; un lit était placé dans la chambre d'entrée. Laure y jeta les yeux et soupira. Dans le cours de la soirée, Paul vint plusieurs fois la voir : une fois entre autres, il la crut endormie; alors il se retira avec précaution, après avoir regardé si tout ce dont elle pouvait avoir besoin était près d'elle; puis elle l'entendit dans la pièce voisine prendre possession du lit qu'elle y avait remarqué.

Depuis le retour de Laure, la famille s'était réunie chaque soir dans sa chambre pour lui tenir compagnie; Paul la soignait le reste du temps, alléguant toujours la faiblesse de sa tête. Sous ce prétexte, il lui parlait lui-même fort peu et seulement de choses indifférentes. Un jour que le temps était magnifique, on engagea Laure à faire une petite promenade. Paul lui offrit le secours de son bras et tous descendirent dans le jardin. C'était la première fois que la chaleur du jour permettait à la malade de respirer l'air; un châle qui l'entourait tomba et laissa voir sa taille où se dessinait déjà sa prochaine maternité.

— Que vois-je! dit le vieux général, ah! monsieur mon fils, vous allez être père et vous ne le dites pas aux grands parents! vous ne voulez donc pas nous rendre heureux? puisque tel était en effet notre désir le plus vif?

— Je m'en doutais, ajouta madame Warnier en sautant au cou de sa belle-fille; mais je n'en parlais pas dans la crainte de m'être trompée.

— Et moi aussi, dit madame Thiébaut, seulement je ne m'explique pas le secret qu'ils gardaient sur un événement si heureux.

Pendant ce colloque, Laure était au supplie. Elle serrait avec anxiété le bras de son mari et attendait comme un arrêt de mort, les paroles qui allaient sortir de sa bouche. Enfin, il répondit :

— Si je ne vous en ai pas parlé plus tôt, mes bons parents, c'est que je craignais une fausse couche probable jusqu'à ce moment. Aujourd'hui seulement le médecin m'a répondu de la vie de l'enfant s'il ne survient pas de nouveaux accidents; c'est pourquoi j'ai permis que Laure descendît au jardin; mais vous voyez combien elle est faible encore, car la voilà qui se trouve mal.

Effectivement, malgré les plus prompts secours, elle perdit connaissance et l'on n'eut que le temps de couper ses lacets et de la transporter sur son lit. Lorsqu'elle rouvrit les yeux, Paul était près d'elle, tenant une de ses mains qu'il cherchait à ranimer.

— Merci, lui dit-elle tout bas, je vous dois plus que la vie.

La nuit fut mauvaise, et lorsque le docteur fit sa visite accoutumée, il trouva de la fièvre. L'émotion de Laure avait été si vive qu'elle s'en ressentit pendant plusieurs jours ; enfin les soins triomphèrent encore du mal. Mais le temps se traînait lentement au château de Bellevue, chacun semblait y attendre quelque chose ; Paul était sombre et rêveur ; Laure, de plus en plus languissante et toute la famille triste sans savoir trop pourquoi.

Une nuit que tout le monde reposait au château, Paul fut tout-à-coup frappé par de sourds gémissements qui sortaient de la chambre de sa femme. Il y vola sur-le-champ et trouva la malheureuse Laure dans des douleurs affreuses, se roulant à moitié nue sur le carreau ; il envoya en toute hâte chercher le médecin et réveiller madame Thiébaut. Paul, partagé entre la pitié que lui inspirait sa femme et l'horreur de ce moment, appelait de tous ses vœux le médecin qui enfin arriva.

— Je vous la confie, lui dit-il, car ses souffrances me font trop de mal.

Il se retira dans l'appartement de sa mère, où il ne fut guère plus tranquille, puisque les cris aigus de Laure l'y poursuivirent encore. Deux heures après le médecin vint lui annoncer que l'enfant avait péri victime de la faiblesse de la mère.

— Dieu soit loué, dit Paul, puisque Laure existe !

Le général fut au désespoir quand il apprit

cet événement. Madame Thiébaut regrettait non moins vivement que cet enfant n'eût pas vécu ; car, malgré la dissimulation de son gendre et de sa fille, elle voyait bien qu'il manquait quelque chose d'essentiel à leur repos. Mais quoi? Voila ce qu'elle ne pouvait deviner.

Quelle qu'eût été l'imminence du danger, Laure ne laissa pas de se rétablir assez promptement ; il semblait même qu'elle eût oublié ses fautes depuis que son état physique ne les lui retraçait plus à tous les moments. Souvent elle se trouvait presque heureuse quand, appuyée sur le bras de Paul, elle faisait avec lui la petite promenade ordonnée par la faculté. Ce n'était pas un mari pour elle; ce n'était pas non plus un amant; c'était peut-être mieux que tout cela : un ange gardien qui veillait sur elle, pour la préserver de toute fatale influence, un ami attentif au moindre de ses besoins. Aussi ne pouvait-t-elle plus se passer de lui; s'absentait-il pour quelques heures? elle tremblait de ne pas le revoir; l'air lui manquait et sa poitrine oppressée ne la laissait respirer que lorsqu'elle entendait sa voix ou devinait ses pas. Le soir elle se couchait de bonne heure, mais elle ne s'endormait que lorsqu'elle avait entendu rentrer son ami et qu'elle se sentait sous sa sauve-garde. Elle ne désirait rien pourvu qu'il fût près d'elle, et tout ce qu'elle demandait à Dieu, c'était la prolongation indéfinie de cette douce existence.

Il n'en était pas de même de Paul; depuis que sa femme était entièrement rétablie son humeur devenait plus sombre. Il semblait que l'intérêt puissant qui l'avait soutenu, pendant que sa malheureuse compagne était en danger, eût engourdi ses propres douleurs; maintenant il les ressentait d'autant plus vivement; en vain il cherchait à s'en distraire, la vue de sa femme les lui retraçait avec plus d'amertume et la résignation qu'elle affichait le faisait souffrir doublement; car il croyait avoir besoin de la haïr. L'espèce de tendresse qu'elle lui témoignait le torturait et la fleur de beauté qui reparaissait sur le visage de la coupable Laure, était pour lui le supplice de Tantale : le jour il la fuyait, et les nuits il les passait presque entières à se promener dans le jardin pour calmer le feu qui le dévorait; car enfin, puiqu'il faut le dire, malgré l'infamie dont elle s'était couverte à ses yeux, malgré cet abîme d'opprobre qu'elle avait mis entre eux, il ne pouvait se défendre de l'aimer avec idolatrie. C'était sa première, son unique passion. Quelquefois même, ne pouvant pardonner un crime que lui seul connaissait dans son entourage, il était sur le point de tomber à ses pieds pour implorer l'oubli du passé. Bientôt l'idée affreuse qu'un autre avait possédé ce cœur dont le moindre battement l'eût rendu si heureux, la crainte plus affreuse encore que cet autre fût toujours aimé, arrêtaient le généreux élan de son ame et lui rendaient toute sa fureur. Mais quel est-il cet autre? où le chercher? comment le découvrir pour laver dans son sang l'injure reçue sans compromettre l'honneur conjugal et le repos de la famille? Paul aigri par de telles réflexions ne rêva bientôt plus que vengeance et forma, pour y parvenir, les plans les plus extravagants, les plus impraticables, les plus désespérés.

Il s'arrête enfin à celui qui paraît offrir quelque chance de succès. Un soir donc, que sa famille était réunie, il déclara que des affaires réclamant sa présence à Paris, son intention était de s'y installer pour y passer l'hiver et qu'il comptait y emmener sa femme. Laure devint pâle et jeta sur lui des regards suppliants. Un coup d'œil sévère arrêta les quelques mots qu'elle voulait proférer. Madame Warnier ne s'étonna pas de cette résolution, puisque déjà ses enfants avaient fait cette partie deux années avant; et d'ailleurs toute occupée des soins que réclamait son mari malade de la goutte, elle s'intéressait moins vivement à ce qui se passait autour d'elle. Le général se contenta de dire à son fils qu'il était devenu bien vagabond et que pourtant ses voyages n'amélioraient pas son caractère, ce qui lui prouvait de plus en plus que le contact des hommes n'avait rien d'avantageux. Madame Thiébaut se tut, mais elle souffrait intérieurement; car elle lisait sur le front de sa fille le mal que lui faisait cette nouvelle inattendue. « Que de bizarrerie compose notre être! disait en elle-même cette bonne dame; jadis ma fille était coquette, capricieuse, mondaine, et son mari faisait toutes ses volontés; aujourd'hui que la raison l'a éclairée sur ses devoirs et qu'elle se conduit à merveille, c'est son mari qui est devenu fantasque, indifférent et presque brutal. Sans doute il aura beaucoup souffert des travers d'esprit de ma fille, mais fallait-il lui faire payer si cher des torts qui n'ont été que le résultat d'une mauvaise éducation? peut-être même, mon gendre regrète-t-il d'avoir épousé une femme sans fortune et la rend-il responsable de ce qui n'est encore que la faute de sa mère ? j'aurais dû prévoir cela et ne pas consentir à ce mariage qui, je le vois bien, fera notre malheur à tous » C'est ainsi que ce cœur maternel accusait injustement le plus loyal et le plus généreux des hommes ; il faut lui pardonner, car toutes les apparences étaient contre lui.

Un jour entre autres, Paul était parti de grand matin pour aller chasser, seul délassement qui plût à son humeur sauvage et presque féroce : on l'attendait pour déjeuner, il ne parut pas ; le dîner se passa de même. La pauvre Laure était dans une inquiétude telle, qu'elle en eut une attaque nerveuse. Vers le soir Paul rentra ; sa femme, en le voyant, fondit en larmes, tandis que lui, l'œil sec et morne, n'articula pas même une excuse. Depuis ce jour, madame Thiébaut plaignit véritablement sa Laure et redoubla de soins et de tendresse pour elle.

Aussi fût-ce un grand chagrin pour cette tendre mère d'apprendre qu'on allait encore lui enlever sa fille et priver ainsi la pauvre affligée des seules consolations qu'elle pût recevoir. Il fallut pourtant se résoudre à se séparer. La mère et la fille éprouvèrent un affreux serrement de cœur en s'embrassant, et Laure se précipita en sanglottant dans le fond de la voiture qui l'entraîna rapidement.

Arrivé à Paris, Paul prit un bel appartement et dit à sa femme que son intention était d'aller dans le monde et de recevoir.

Laure répondit timidement qu'elle serait bien empruntée pour faire les honneurs, n'ayant jamais tenu maison. « Vous vous y ferez, répondit Paul froidement. » Selon son projet, le jeune Warnier se jeta à corps perdu dans le tourbillon des plaisirs : bals, spectacles, concerts, il allait partout, entraînant à sa suite la triste Laure qui ne pouvait concevoir cette espèce de folie dans son mari. Quelquefois elle hasardait une légère observation, mais un : *je le veux!* lui fermait la bouche.

Il y avait déjà six semaines qu'ils menaient cette vie, quand on remit à Laure une lettre pendant le dîner; elle la prit en tremblant, ne sachant qu'en faire. « Eh bien! lui dit Paul, ouvrez donc ce billet puisqu'il vous est adressé. » Laure rompit le cachet sans savoir ce qu'elle faisait, car la crainte qui la dominait l'empêchait de voir et d'entendre.

—Rassurez-vous, dit Paul en prenant le papier de ses mains, ce n'est qu'une invitation pour une soirée que doit donner une de vos bonnes amies, Clarisse M....

Laure pâlit et s'écria vivement:

—Je n'irai pas.

—Pourquoi donc, dit Paul, cela ne serait pas convenable, nous allons partout, il faut bien aller là.

—De grâce, épargnez moi! dit Laure d'un accent suppliant.

—Il y a donc, dans cette maison, quelqu'un que vous craignez?

—Non sans doute, reprit Laure, mais je vous supplie de me dispenser de vous y accompagner.

—Je veux vous y conduire, reprit Paul avec ce ton qui ne permet aucune objection; et la pauvre Laure fut obligée de céder.

Lorsqu'ils arrivèrent dans les salons de madame M***, ils étaient déjà pleins de ce que la Chaussée-d'Antin renferme de plus élégant. Clarisse vint au-devant de Paul et de sa femme, et leur dit avec aisance « qu'ayant appris dans le monde qu'ils étaient à Paris, elle s'était fait un devoir de les inviter et un plaisir de les recevoir. » Laure ne répondit pas; des arrivants la délivrèrent de la gêne que lui causait la vue de Clarisse. Pendant le cours de cette soirée, Paul observa sa femme et toutes les personnes qui s'approchaient d'elle. On l'invitait souvent à danser; mais elle refusait obstinément, alléguant un état de souffrance qui l'empêchait de se livrer à cet exercice : c'est la seule chose que son mari n'avait pu obtenir d'elle. Vers la fin de la soirée, Paul s'était rapproché de sa femme, pensant à sortir d'un lieu qui lui donnait la fièvre et qui ne lui avait rien découvert, lorsqu'il la vit pâlir et retomber sur le siége qu'elle venait de quitter. Paul vola vers elle cherchant des yeux la cause de ce mal subit, lorsqu'il vit à quelque distance un jeune homme qu'il n'avait pas encore remarqué dans la salle de bal, et qui bientôt disparut. Paul sortit aussi par la même porte et se trouva dans une chambre où l'on jouait. Il aperçut bientôt le même personnage qui venait de se placer à une table d'écarté. Paul demanda à un de ses voisins comment se nommait cet homme?

– C'est, lui répondit-on, le frère de la maîtresse de la maison; un jeune fat assez mauvais sujet qu'elle reçoit très rarement et que personne n'invite, car rien n'est sacré pour lui.

Paul n'en écouta pas davantage, une chaleur brûlante se porta vers son cœur et ses dents se serrèrent avec force. Il alla immédiatement se placer en face d'Edouard et mit sur la table une pièce d'or pour parier contre lui. Edouard tient le pari et gagne. La même chose se renouvela plusieurs fois, ce qui attira autour d'eux tous ceux qui se trouvaient là. Les paris s'engagèrent et le côté d'Edouard gagnait toujours; lorsque soudain Paul fit sauter d'un coup de pied, la table et tout ce qui était dessus, en s'écriant :

— Monsieur est un infâme qui triche.

Chacun prit parti pour ou contre; Édouard exigea impérieusment qu'on lui rendît raison de l'insulte qu'il avait reçue. Paul répondit qu'il ne demandait pas mieux, et tout fut convenu avant que le bruit de cette querelle eût transpiré dans la salle du bal. Cependant la pauvre Laure était dans un état pitoyable : La vue d'Édouard ayant anéanti toutes ses facultés, la disparition subite de son mari achevait son supplice. Bientôt une sourde rumeur s'élève de toutes parts sur l'événement qui venait de se passer. Laure écoute sans entendre; la peur a glacé ses sens, et c'est à moitié morte, entre les bras d'un foule de curieux, que Paul vient la prendre pour la ramener chez elle.

Les premiers instants se passèrent dans d'horribles angoisses; car Laure a tout prévu; elle sait que son mari doit se battre pour une querelle de jeu ; mais son cœur n'en devine que trop le vrai motif. Son ame est en proie aux déchirements les plus affreux, et lorsque celui-ci veut la quitter pour passer dans sa chambre, cette infortunée se traîne à ses pieds en jurant que s'il s'éloigne un seul instant, c'en est fait de sa vie. Paul cherche à la calmer, et pour y parvenir il use de tous les moyens possibles. Il s'assied près d'elle, la conjure de se coucher, lui promet de rester à côté de son lit, puis il l'aide à quitter ses vêtements, la presse plusieurs fois sur son cœur, la couvre de baisers qu'elle lui rend avec ardeur, et finit par se placer lui-même dans ce lit si souvent témoin des larmes de Laure et qui devint bientôt pour tous deux le temple du bonheur!...

A ces transports enivrants succède pour Laure un doux assoupissement; penchée sur le sein de son mari, elle repose en paix et ressent même en dormant un bonheur qu'elle ne connaissait point, bonheur ineffable que peut seul procurer l'amour vertueux, l'amour conjugal. Il n'en est pas de même de Paul : la faiblesse qu'il vient de montrer passe comme l'éclair, et plus il fut heureux dans ces instants d'ivresse, plus sa fureur redouble contre l'être excérable qui troubla pour toujours les plus doux moments de sa vie. « Voilà donc ce qu'eût été Laure, se dit-il, si le souffle empoisonné du crime n'eût flétri son cœur? Ce corps si parfait, cette ame si passionnée feraient ma gloire et mes délices; mais hélas! on l'a souillée; sa tendresse apparente n'est que mensonge et perfidie. Que dis-je? en ce moment peut-être je suis le jouet de nouvelles noirceurs, et la crainte de voir périr celui qu'elle aime l'aura seule jetée dans mes bras... » Ce soupçon ranime toute sa colère : « Du sang, dit-il, il me faut du sang! » Et il se dégagea doucement des bras de Laure dont le paisible sommeil ne fut pas interrompu.

Il s'habilla à la hâte et quitta de suite la maison, quoiqu'il ne fût que six heures et qu'il ne fît pas encore jour. Il avait donné des ordres avant de partir pour qu'on veillât sur sa femme, et que surtout on l'empêchât de sortir. Il s'achemina vers les boulevarts et fit à pied la route qui conduit vers le bois de Vincennes, lieu prescrit pour sa rencontre avec Édouard. Il attendit longtemps, écrivit dans un auberge quelques lettres pour le cas où le sort lui serait contraire, et vit enfin arriver vers dix heures, les trois personnes qu'il attendait.

Les deux témoins n'étaient pas connus de Paul, car il n'avait voulu instruire aucun ami de cette affaire et s'était adressé à l'une des personnes présentes à la querelle pour s'en faire un second dans cette affaire d'honneur. Il fut décidé que Paul, étant l'agresseur, devait laisser à Edouard le choix des armes, lequel se décida pour l'épée. Paul ne s'était jamais battu en duel et n'avait pu fréquenter les salles, puisqu'il avait été élevé loin de Paris ; aussi crut-il entendre son arrêt de mort, mais il ne recula pas ; il invoque le souvenir de son père, son seul maître d'escrime, et s'aligne... Une minute suffit pour le mettre hors de combat. Edouard fit un mouvement que son adversaire n'avait pas prévu et le blessa profondément sous le sein droit. Paul tomba. Les témoins le relevèrent et le médecin se hâta de placer un appareil sur sa plaie. Edouard triomphant voulait se retirer ; Paul le pria de rester un moment.

— Ma blessure, dit-il, est peu dangereuse, mais elle vous suffit pour réparer l'affront que vous avez reçu de moi en public. Vous m'avez fait, vous, une injure beaucoup plus grave dont j'exige la réparation à cette heure, et si vous n'êtes pas le plus lâche des hommes, si vous ne voulez pas que je vous insulte grossièrement partout où je vous trouverai, c'est à moi maintenant que vous rendrez raison (1). Vous devez m'entendre et ce second duel sera suivi de la mort de l'un ou de l'autre. Voilà deux pistolets : ces messieurs en chargeront un... le sort ou la Providence fera le reste. Soit, répondit Édouard avec sang-froid ; aussi bien la vie m'est à charge et vous m'épargnez, en me l'ôtant, la peine de me l'ôter moi même.

Les témoins ne savaient ce que cela voulait dire; ils firent tous leurs efforts pour em-

(1) A quel tribunal en appeler pour avoir justice d'un genre de délit dont le simple énoncé entraînerait le déshonneur des familles outragées? N'est-ce pas là un de ces cas exceptionnels où le jugement de Dieu, c'est-à-dire le duel et le duel à mort, doit remplacer aux yeux de la société tout autre juridiction.

pêcher cette résolution d'avoir son effet. Rien ne put calmer la fureur de Paul et forcé leur fut de consentir à laisser vider un différent dont ils ne connaissaient pas même le motif. Un des pistolets fut chargé à balle, l'autre à poudre seulement.

— Choisissez le premier, dit Paul.

— Je ne veux point de faveur de votre part répartit Edouard, un de ces messieurs fera le choix pour nous. Cela eut lieu ainsi.

Les adversaires furent placés à six pas et les deux coups partis en même temps eurent en effet pour résultat la mort instantanée du lâche suborneur. Paul vit tomber son ennemi et reconnut que justice était faite puisque Edouard, frappé dans la poitrine, gisait à ses pieds.

— Sa mort est plus belle que sa vie, dit un des témoins.

— Je ne le croyais pas si brave, répliqua l'autre.

Le chirurgien ayant constaté le trépas d'Edouard, on s'occupa exclusivement de Paul dont l'état donnait quelques inquiétudes. Sa blessure venait de se rouvrir et le sang qui en sortait abondamment lui fit perdre entièrement connaissance. On le porta dans une maison voisine où lui furent prodigués les soins les plus empressés; lorsqu'il fut assez bien pour être reconduit à son domicile, on le mit sur une litière et on le ramena à Paris où l'on n'arriva que le soir assez tard.

Nous avons laissé Laure dormant d'un

sommeil paisible, croyant tenir encore dans ses bras celui dont l'amour vient d'effacer à ses yeux la honte et l'opprobre dont elle était couverte. Cependant un mauvais songe l'agite et finit par l'éveiller. Toute entière à son bonheur elle veut presser sur son cœur l'être adoré qui remplit son ame de si douces émotions pour lui jurer de nouveau un amour qui désormais sera le mobile de sa vie; mais ses bras cherchent en vain son ami; sa voix l'appelle et personne ne lui répond. Epouvantée, elle se jette à bas du lit, parcourt l'appartement et ne trouve que les traces récentes de son départ précipité. Elle veut courir après lui sans savoir où diriger ses pas, son désespoir est au comble et les domestiques qui l'entourent peuvent à peine en arrêter les tristes effets, sa belle tête est meurtrie par ses propres mains avant qu'on ait pu le prévoir ; ses bras sont tordus avec rage et ses dents claquent ensemble de manière à faire croire que toutes vont se briser. Vers neuf heures, un domestique entre pour lui remettre un paquet qu'un exprès vient d'apporter pour elle.

— C'est son écriture! s'écrie-t-elle avec transport.

Et Laure tombe à genoux devant ces papiers qu'elle ose à peine toucher. Elle rompt enfin le cachet et trouve ce qui suit sur une page qui frappe ses yeux. *Pardonne-moi ma Laure les chagrins que je te cause, pardonne-moi d'être parti malgré la promesse que je t'avais faite, mais il le fallait. Je ne pouvais plus vivre sans avoir vengé mon honneur outragé dans ce qu'il a de plus sacré. Si le ciel me protége et me rend à ton amour quel bel avenir s'ouvre devant nous, ma Laure. Si au contraire je succombe, tes larmes, des larmes sincères j'en ai la conviction, couleront sur ma tombe; je mourrai aimé, regretté de Laure, mon sort est encore assez beau. C'est à dix heures que le destin en décidera. Fais des vœux pour celui que la mort seule pourra détacher de toi.*

A cette feuille était jointe une donation de tous les biens actuellement en la possession de Paul avec le désir exprimé d'y ajouter ceux qui pourraient lui revenir un jour.

La pauvre Laure lisait et relisait ces papiers avec une tranquillité stupide. Une seule pensée la dominait, c'est que Paul vivait encore. Tout-à-coup une pendule sonne l'heure dans une pièce voisine, Laure compte jusqu'à dix puis elle s'écrie. « C'en est fait, sans doute ils l'ont tué!... je veux mourir aussi. » Et les scènes effrayantes du matin recommencent avec plus de violence que jamais. Quatre personnes ne peuvent suffire pour la contenir, car lorsque ses membres délicats sont enfin comprimés, sa voix s'exhale en cris déchirants. Cette affreuse journée touche à son terme et rien encore n'est venu calmer l'inquiétude que donne si justement l'absence prolongée de Paul. Toute sa maison se désespère, lorsqu'enfin le son d'une cloche avertit les domestiques d'ouvrir, ils sortent en hâte pour voir ce dont il s'agit. Laure avait aussi entendu la cloche, mais elle ne bouge pas : peu après elle se jette à genoux en disant aux deux femmes qui l'entourent.

—Priez pour lui voici l'annonce du service funèbre.

Un des domestiques rentre en criant à haute voix : « Madame consolez vous, voilà monsieur, il n'est pas mort, seulement une légère blessure, rien de dangereux à ce que dit et affirme le chirurgien. » Laure se relève lentement et semble n'avoir rien compris de tout ce qu'on vient de dire; les gens effrayés de son silence la prennent par les bras et l'entraînent près du lit sur lequel on venait de déposer Paul en lui recommandant de ne pas faire un mouvement. Laure l'aperçoit et s'écrie.

—Vous voulez donc absolument me faire voir son cadavre qu'elle affreuse cruauté; le voilà pâle, défiguré par la mort je le reconnais bien, il m'appelle.

Puis elle se précipite sur le lit de Paul où elle tombe dans un accès de rage tel qu'on est forcé de l'entraîner malgré les cris de son mari, car hélas ! il en a trop vu : un affreux malheur vient de se révéler à lui, Laure est folle !

Les médecins les plus habiles pour ce genre d'affections sont appelés, tous constatent l'aliénation mentale, pas un ne promet la guérison. Paul désespéré écrit à madame Thiébaut d'accourir au plus vite au secours de son enfant ; il espère que sa vue, sa tendresse et ses soins ramèneront un peu de calme dans les esprits de Laure. Madame Thiébaut arrive ; sa première entrevue avec Paul est froide, elle ne doute pas que la manière dont il traitait sa femme n'eût été pour beaucoup dans l'accident qui les frappe. Paul n'avait pas parlé de sa blessure dans la crainte d'avoir à faire des révélations et d'effrayer sa mère, mais il est forcé d'en toucher un mot avec celle de Laure : sans pourtant lui en dire le vrai motif. Cette circonstance augmente encore l'inimitié de cette dame pour son gendre, car elle ne le savait pas *joueur* et *duelliste.* Paul prend avec patience les reproches indirects qu'elle lui adresse.

—Ma mère, lui disait-il quelquefois, ne soyez pas trop sévère ; unissons plutôt nos efforts pour sauver cet être qui nous est si cher et dont la perte causerait ma mort ; vous saurez tout un jour, oui, plus tard vous saurez tout....

Calmée par ce discours, madame Thiébaut ne pensa plus en effet qu'à soulager sa fille; mais hélas! tous secours humains paraissaient superflus! cette infortunée ne reconnaissait personne et passait sans cesse de l'état calme d'un profond désespoir à des accès de fureur qui faisaient craindre pour ses jours

Lorsque Paul fut à peu près guéri de sa blessure, il chercha une maison où il pût garder Laure en toute sûreté : déjà, malgré leurs soins et le nombre de personnes qui l'entouraient, les autres locataires de la maison se plaignaient de l'incommodité du voisinage et menaçaient de s'adresser à la police. Paul fit donc un accord avec un médecin pour qu'il lui cédât un pavillon entier à la campagne où sa mère et lui pussent assister aux traitements qu'on faisait subir à sa Laure. Ce fut sans doute un affreux supplice que d'être témoin de tout ce qu'il fallut employer de remèdes doux et cruels, et jamais, jamais peut-être amour maternel et conjugal ne furent mis à de si rudes épreuves; mais rien ne lassa le courage de madame Thiébaut ni la constance de Paul.

Un an se passa de la sorte pendant lequel la famille Warnier éprouva toutes les angoisses d'alternatives dont à Bellevue, du-moins, on ne ressentait que le contre-coup, mais dont Paul et madame Thiébaut épuisèrent à fond l'amertume. Toujours flottant entre la crainte et l'espérance, ils n'avaient point de relâche; la belle saison commençait et le médecin espérait beaucoup de son influence. Il est vrai que la folie de Laure était devenue plus douce : elle aimait à repasser dans son esprit les premières scènes de sa jeunesse ; elle racontait parfois, à sa mère et à son mari tout ce qui l'avait frappée dans ce temps-là ; les petites intrigues de pension, les jalousies de rang ou de fortune et surtout de beauté ; enfin toutes les vaines espérances dont se repaissent les jeunes filles réunies en un même lieu. Clarisse lui apparut telle qu'elle l'avait vue alors, et son imagination lui retraça de point en point sa conduite artificieuse et ses conseils pernicieux. Puis vint à sa suite le frère de cette syrène paré des charmes de la jeunesse, non moins séduisant, non moins dangereux que sa sœur ; arrivée à cette époque de sa vie, ses idées se brouillèrent de nouveau....! Paul en fut enchanté, car il tremblait que Laure ne découvrît elle-même à sa mère des secrets de nature à troubler infailliblement le repos de son avenir.

L'esprit de Laure avait fait tant d'efforts pour ressaisir le fil de ses idées, qu'elle en souffrit beaucoup et qu'on fut obligé de lui faire garder le lit. En vain cherchait-on tous les moyens possibles pour distraire son attention, rien ne la pouvait captiver, et lors qu'on la supposait endormie, elle demandait tout-à-coup avec une insistance désespérante, à ceux qui étaient près d'elle, *ce qui lui était arrivé ensuite*!... Le médecin augurait bien de cette demi-lucidité, il voulait même qu'on aidât sa mémoire à ressaisir le passé. Forte de ce conseil, madame Thiébaut hasarda un jour une petite épreuve; Laure revenait sans cesse sur sa pension, ses compagnes, Clarisse et son frère, puis elle finissait par dire :

— Pourquoi donc les ai-je quittés? pourquoi ne sont-elles plus mes amies?.......

— Parce que tu t'es mariée, lui dit affectueusement sa mère, mariée avec Paul Warnier qui ne respire que pour te rendre heureuse.

Les yeux de Laure s'animèrent, sa figure devint enflammée et s'étant levée sur son séant, elle dit d'une voix forte :

— C'est vrai; je l'avais oublié, ma mère a voulu me marier avec un homme que je trouvais aimable et doux, mais que bientôt on ridiculisa dans mon esprit, de manière à me le rendre insupportable ; puis il y avait dans la campagne une grosse pierre sous laquelle je trouvais quelque fois des lettres... toutes peignaient la passion qui s'était glissée dans mon cœur et que je croyais inspirer..... Attendez!.... attendez!.... je me rappelle à présent. Un jour mon mari partit, ce qui me rendit bien heureuse, car sa vue et ses soins me faisaient du mal.

Paul voulut l'interrompre, mais madame Thiébaut joignit ses mains pour le supplier de lui laisser apprendre de sa fille même, les obligations que toutes deux lui avaient. Paul se tut... Laure continua.

— Bientôt un sentiment que je ne connaissais pas s'empara de mon cœur... Il me sembla qu'*Edouard* me négligeait... je devins jalouse et rien ne put me retenir. Je volai près de mon amant qui me reçut froidement; mes larmes le fatiguaient; mes reproches l'aigrirent; enfin un jour il voulut me renvoyer à mon mari. Je m'y refusai obstinément, je l'accablai des marques de mon mépris et de mon désespoir.. Je ne sais plus ce qui se passa ensuite.

Ici Laure s'arrêta, réfléchit quelques instants, puis continua en ces termes :

— Un homme charitable prit pitié de moi, car j'étais bien malade, et me soigna comme si j'eusse été sa fille.... Plus tard, je ne saurais dire quand, Clarisse vint me voir et m'annonça quelque chose dont je ne me souviens plus. Après elle, parut mon mari... Je crus mourir de frayeur; car j'imaginais qu'il venait me tuer. Eh bien! au contraire il fut mon ange gardien, mon Dieu tutélaire... Je lui dus la vie, celle d'un enfant que je portais dans mon sein et pas un reproche ne sortit de sa bouche.

Ici les sanglots couvrirent la voix de Laure; madame Thiébaut suffoquait; Paul ne pouvait plus tenir à cette scène déchirante et tous deux se jetèrent à genoux devant le lit de Laure pour la supplier de les épargner...

— Pourquoi pleurez-vous? leur dit-elle, il m'a pardonné? Paul est le plus généreux de tous les hommes ; il n'a pas voulu déshonorer celle qui portait son nom ; et vaincu par mon repentir, touché par mon amour, il a juré de ne me plus quitter. Ses bras m'ont pressée sur son sein ; son cœur a battu près de mon cœur et maintenant, voyez-vous, mes maux sont finis et je suis bien heureuse... Mais où donc est-il? que je lui parle de ma tendresse, de ma reconnaissance... j'ai besoin de le voir, je souffre tant quand il n'est pas là!...

— Me voici chère amie, lui dit Paul d'une

voix étouffée, me voici; je te jure que je ne te quitterai pas un seul instant; ma vie entière te sera consacrée, mais au nom du ciel regarde-moi, reconnais-moi!

Laure le fixa avec attention.

— Parle, parle, lui dit-elle, ta voix me soulage... Mais par grâce, baise-moi le front, là, à cette place, car quelque chose me brûle; serre-moi sur ton cœur et jure-moi que tu n'iras pas à cet affreux duel qui me tuerait.

Paul la rassure par les plus tendres protestations, il couvre son front de baisers et presse vivement ses mains froides et humides; tout-à-coup une malheureuse cloche du voisinage se fait entendre...

— Ils l'ont tué, s'écrie Laure, et s'échappant des bras de son mari, je veux mourir avec lui... par pitié laissez-moi mourir... je veux mourir!

Un affreux délire s'empare d'elle, tous les remèdes qu'on employait avec succès dans les autres crises restent insuffisants et l'infortunée Laure expire à vingt-ans victimes des fatales suites d'une éducation mal entendue.

FIN.

ANTOINE BERTHOLDE

OU

L'INSUFFISANCE DES RICHESSES.

II

La fortune ne fait pas le bonheur! Voilà une de ces vérités vulgaires que tout le monde sait et dont personne ne profite. Chacun désire une amélioration dans son sort et si l'amélioration s'effectue on désire encore. Celui qui travaille répète sans cesse : « Si j'avais seulement 1,200 francs de rente, je ne ferais plus rien et serais plus heureux qu'un roi ! » Erreur dont il aime à se bercer; car notre lot est de souhaiter toujours ce que nous n'avons pas. Le rentier envie le possesseur de biens ruraux; le propriétaire rural envie le propriétaire de maisons en ville; celui qui va à pied envie celui qui va en voiture. Enfin, quelque puisse être notre état social, nous en désirons, non pas seulement un autre, comme dit Horace; mais un meilleur, du moins selon notre pauvre jugement. Ne serait-il pas plus raisonnable de désirer la sagesse qui nous apprend à jouir de ce que nous possédons et surtout à nous passer de ce qui nous a été refusé par la Providence! Qui sait même si l'homme vraiment sage changerait sa position, quelque minime qu'elle fût, pour celle d'un richard, de ce qu'on appelle un homme heureux? Le sage resterait ce qu'il est et ferait bien, car celui qui nous paraît le plus favorisé du ciel a souvent en lui-même la source de maux plus cruels que le travail et l'indigence. L'histoire d'un certain Bertholde, nous fournit la preuve irrécusable que la fortune à elle seule ne peut faire le bonheur; c'est pour mieux convaincre les incrédules de cette vérité que je vais écrire sa vie.

Nicolas-Antoine Bertolde, naquit à Orléans en 1792, d'un honnête ménage, qui exploitait avec probité un fonds de bonneterie et de rouenneries : ce petit commerce suffisait à l'ambition du père d'Antoine qui, n'ayant que ce fils, était à peu près sûr de lui laisser de quoi vivre. Après avoir gâté le plus possible le cher et unique enfant qu'ils possédaient, les époux Berthołde le mirent en pension; tout en déplorant la nécessité de se séparer d'un être si cher, ils sentaient bien qu'il ne ferait rien près d'eux et s'exécutèrent. Il était déjà tard : la lecture et l'étude lui étaient antipathiques; le petit Antoine, joueur, inappliqué, indocile, n'apprenait rien, pas même son catéchisme qu'il fallut lui seriner pour qu'il pût faire sa première communion. Il avait alors quatorze ans, et lorsque l'année suivante il rentra chez ses parents il savait à peine écrire couramment et ne comptait que sur ses doigts. Il avait pourtant pour le calcul une intelligence remarquable et non pas pour les règles auxquelles il ne comprenait rien, mais pour le calcul de tête. Cette faculté se développa si singulièrement en lui, qu'il s'acquit une sorte de célébrité dans le voisinage et qu'on avait recours à lui quand il s'agissait d'un mécompte. Jamais il ne se trompait, quelque forte que fût l'addition.

D'après cette observation, le père d'Antoine songea à le mettre dans le commerce et voulut qu'il apprît cette profession à Paris; se croyant insufisant pour la lui enseigner et rêvant déjà pour son fils un bel établissement dans cette capitale.

— Ecoute, garçon, lui dit-il un jour, tu ne veux pas écrire et tu as peut-être raison, cela n'est pas récréatif lorsque l'esprit n'y est pas disposé; moi qui te parle je n'ai jamais su autre chose que signer mon nom ce qui ne m'a pas empêché de faire une bonne petite maison. Toi qui est bien plus avancé et queje trouve savant, quoiqu'ils en disent, je vais t'envoyer à Paris et je suis persuadé que tu t'en tireras à merveille. Tu sais déjà *mesurer serré et couper court*, l'habitude fera le reste; et puis, je t'adresse à une fameuse maison où l'on dit qu'ils gagnent tout ce qu'ils veulent. Pars, mon enfant, sois bien sage, bien économe et tu iras loin. Le petit bonhomme ne se le fit pas dire deux fois; il embrassa papa, maman, dit adieu aux voisins qui lui souhaitèrent bonne chance, et partit.

Antoine était âgé de seize ans au plus; il avait toute la gaucherie de la province, tous les travers d'un enfant gâté, cependant le maître du magasin s'aperçut promptement que ce jeune garçon était né avec le génie du commerce. Comme son père était bonnetier et correspondant de la maison, on l'avait tout naturellement mis à la bonnetérie; cette branche de négoce est je ne sais pourquoi, le point de mire de toutes les plaisanteries, le véritable plastron mercantille. Antoine ne se déconcerta pas, laissa chacun s'égayer à ses dépens pour ne s'occuper que du public qu'il entortillait de telle sorte que lorsqu'un paquet était déplié, il fallait bon gré malgré qu'on achetât. Son talent ou son bonheur était si visible, que jamais on n'avait fait autant d'affaires à la bonneterie que depuis qu'il y était. Le maître, fort content de son zèle, lui témoigna sa vive satisfaction et voulut lui donner une légère gratification.

—Je n'ai pas besoin d'argent, dit Antoine, papa m'en envoie plus que je n'en dépense ; ce que je vous demande, monsieur, c'est de me changer de service, afin de me laisser acquérir les connaissances nécessaires pour m'établir un jour.

Le patron consentit; Antoine passa aux mousselines, calicots, etc., et ne fut pas moins heureux dans cette partie que dans toutes les autres qu'il parcourut successivement.

Quatre années se passèrent ainsi; le père d'Antoine était ravi des succès de son fils. Il venait le voir souvent et lui disait toujours : — Prends patience, mon enfant, un jour viendra où tu travailleras pour toi. Tenant compte de ces paroles, notre commis écrivit tout-à-coup à son père. « Mon cher papa, le jour dont vous m'avez si souvent parlé est arrivé; je puis, si vous le voulez, commencer à faire pour moi-même ce que je fais depuis quatre ans pour les autres. J'ai appris que voulant donner de l'extention à son commerce, mon bourgeois cherchait un associé qui pût verser 30,000 francs dans sa caisse. Vous savez papa, que je suis malin : sans faire semblant de rien, j'ai bien observé pour savoir s'il n'y avait pas quelque mic-mac là-dessous, mais je sais pertinemment que ses affaires vont à merveille, et que la maison ne peut que gagner à cet accroissement. Voyez donc, mon cher papa, ce que vous avez à faire et mandez-le moi au plus tôt car cela presse.

Le papa Bertholde fut aussitôt à Paris que sa réponse aurait pu y arriver. Après avoir pris lui-même des informations certaines, il revint près de son fils auquel il tint ce discours.

— Tu me crois donc bien riche, garçon, pour me demander des 30,000 francs comme cela? N'importe, venons au fait : je n'ai pas 30,000 francs à te donner, mais je connais quelqu'un qui me fera ce plaisir si tu le veux.

— Cela m'est égal, reprit Antoine, pourvu que je les aie!

— Oui-dà! reprit Bertholde, eh bien! attention! Veux-tu te marier?

— Pourquoi pas, répondit Antoine, si cela me donne les 30,000 francs en question.

— Tape donc là, fit en riant le papa, te voilà marié.

Le père Bertholde avait en effet demandé pour son fils la fille d'un fermier de ses amis, qui pouvait offrir de suite la somme voulue, sans compter les espérances à venir. La seule condition du fermier était que la dot de sa fille fût garantie par Bertholde père. Celui-ci ne demanda pas mieux, préférant la condition de garantir à celle de débourser.

Bertholde papa ne perdit pas un moment : il fit au patron sa proposition qui fut acceptée avec empressement, après quoi il emmena Antoine à Orléans, se réservant de lui expliquer en route de quoi il s'agissait. Le marché eut lieu, la noce se fit à la ferme, et un mois après Antoine Bertholde revint au magasin en qualité d'associé, ce qui ne laissa pas d'augmenter encore son intelligence mercantille et lui donna d'autant plus de cœur à la vente : aussi, débitait-il sa marchandise avec un bagou vraiment remarquable. Il avait logé sa jeune femme dans la maison où était situé le magasin ; quoiqu'il allât la voir assez souvent, la nouvelle mariée s'ennuyait passablement à son cinquième, ne trouvant pas que Paris fût aussi agréable qu'on le lui avait dit. Antoine, quelque peu effrayé de ses plaintes, imagina un moyen de la distraire et d'augmenter ses revenus : il prit un professeur de calcul et de tenue de livres qui, en quelques mois, la mit à même de gérer une forte comptabilité, puis il la fit recevoir en qualité de caissière du magasin avec 1,500 francs d'appointements. Madame Bertholde aima mieux cela que de rester seule dans sa chambre, et le mari énuméra en souriant les pièces de 5 francs que cela ajoutait à ses bénéfices mensuels.

Les affaires d'Antoine allèrent au mieux : gagnant beaucoup, ne dépensant presque rien, il dut en peu d'années doubler et même tripler son capital. Ce fut en effet ce qui eut lieu. Six ans s'étaient à peine écoulés depuis son mariage qu'il se trouva en état de remplacer tout-à-fait le patron assez riche lui-même pour se retirer. Ce fut alors que le génie d'Antoine prit tout son essor, et que sa maison prospéra d'une manière prodigieuse. Tout en effet semblait favoriser ses entreprises, et jamais une seule de ses spéculations ne tourna de travers; il était donc parfaitement satisfait de son sort, lorsqu'un événement assez triste vint le frapper : sa femme malade de la poitrine depuis plusieurs années, lui fut enlevée. Bien qu'Antoine n'eût pas eu pour elle ce qu'on appelle une passion, il la pleura amèrement. C'était la compagne de ses travaux, il était fait à elle et l'avait façonnée à lui; elle était bonne, douce et fort économe, aussi la regreta-t-il autant que son cœur froid et positif le lui permit. Ce qui surtout le contraria, fut de rendre à la famille de sa femme ce qui lui appartenait puisqu'elle mourait sans enfants. Cette affaire d'intérêt terminée, il reprit ses travaux habituels, sans plus songer ni à la femme perdue, ni à l'argent qu'on lui avait fait restituer.

. . . .

Il était dit qu'Antoine ferait fortune sans même y songer, et par des voies détournées : il y avait tout au plus six mois qu'il avait enterré sa première femme qu'on vint lui en offrir une seconde : cette fois, il s'agissait d'un beau sort, d'un avantage réel ; un riche marchand de soiries, possédant plusieurs millions et n'ayant que deux enfants, voulut marier sa fille aînée à un homme qui, commerçant lui-même, pourrait continuer sa maison qu'il donnait en dot par moitié à chacune de ses héritières. Ce marchand de soieries connaissait et estimait beaucoup Antoine Bertholde, avec lequel il avait eu occasion de travailler, et par cette raison il chargea une tierce personne de négocier cette affaire. Antoine fut étourdi de cette proposition : il avait quelque peine à quitter sa propre maison qui, bien que moins considérable, n'était pas à dédaigner; mais on lui représenta qu'il pouvait la vendre avec de gros bénéfices, et il mit pour condition à son nouveau mariage, la vente de son magasin : il refusa même de voir préalablement la femme qu'on lui offrait. — Non, disait-il, à l'intermédiaire, je ne ferai connaissance avec cette personne que pour l'épouser. Je trouve que le mariage est une affaire comme une autre, il faut donner beaucoup au hasard, ou bien on ne ferait jamais rien. Il m'est tout-à-fait égal que ma femme soit brune ou blonde, grande ou petite, belle ou laide : c'est de son caractère que dépend le bonheur, et nous ne le connaissons que lorsqu'il n'est plus temps de reculer.

—Mais, reprit l'ami commun, si la demoiselle que je vous offre était bossue.

—Eh bien ! répondit Antoine, pourvu qu'elle fût bonne, rangée, économe je saurais me faire à sa bosse !

En ce cas, je compte sur vous, dit encore l'interlocuteur, et vais rendre une réponse définitive à mon ami, votre futur beau-père.

« Je suis né bien heureux pensa Antoine quand il fut seul ; l'or me pleut de tous côtés ; je crois en vérité que si j'en semais en terre il pousserait afin de me rendre *mille pour un*. Voyons si la chance est toujours pour moi en essayant de vendre mon fonds le double de ce que je l'ai payé il y a deux ans. » La chance n'avait pas tourné : il trouva de sa maison le prix qu'il en voulait ; il ressentit alors un grand regret de n'avoir pas demandé davantage. C'est ainsi, l'avons nous dit, que l'homme procède : toujours insatiable dans ses désirs, il est peu touché des biens qu'il reçoit, mais seulement de ceux qu'il pourrait encore obtenir.

Dès qu'il eut terminé sa vente, il revit l'ami du marchand de soiries et lui dit qu'il était disposé à entamer la négociation du mariage. Aussitôt dit, aussitôt fait : les conditions du contrat furent vivement débattues entre le père de la demoiselle et le futur époux ; la fortune étant considérable de part et d'autre il dut y avoir des précautions réciproques. Un notaire habile finit par mettre les parties d'accord et la chose fut irrévocablement arrangée et conclue entre eux, après quoi on songea enfin à la première entrevue des futurs époux. Faisons le portrait de chacun d'eux, puis on appréciera l'effet qu'ils durent se produire l'un l'autre en cette occasion.

Nicolas-Antoine Berthołde avait alors vingt-sept ans ; cinq pieds tout au plus ; le dos saillant et légèrement voûté; la chevelure d'un blond filasse; le teint très blanc; le visage couvert de taches de rousseur; les traits ordinaires; le verbe haut; la voix nasillarde; le ton généralement persiffleur et sentant son provincial d'une lieue. Au tour de la fiancée : Julie Darcourt touche à sa dix-huitième année; elle est plus grande que ne le sont ordinairement les femmes, mais sa taille souple et élégante lui fait pardonner ce léger défaut ; une figure régulière et noble, un maintien décent, un ton des plus distingués! quand la vue se porte sur elle , l'attention est commandée, de telle sorte qu'on ne peut plus l'en distraire : un certain laissé-aller dont tout son être vous intéresse et vous captive; cette frêle personne paraît chercher un soutien et chacun voudrait devenir l'appui que ses beaux yeux semblent implorer de tous. Julie, faible et languissante, n'a jamais eu de volonté; privée de sa mère par la mort, chérie de son père, elle a passé sa vie presque seule dans sa chambre et parmi les meubles d'un salon où quelques professeurs d'agrément ont charmé sa solitude que troublait tout au plus une sœur beaucoup plus jeune qu'elle et d'une toute autre complexion. Aussi ne s'occupe-t-elle volontiers que du dessin, de la peinture ou de la musique. Elle fait aussi des fleurs, de la tapisserie et des bourses en perles le tout fort médiocrement.

Un jour monsieur Darcourt était venu lui dire.

— Ma fille, je te marie.

Cette nouvelle a fait trésaillir la jeune fille : est-ce de crainte ou d'espoir ? Julie n'en sait rien, forcée de répondre, elle articule à demi-voix.

— Comme vous voudrez, mon père ; mais elle n'ose démander à qui ; d'ailleurs elle connaît si peu de monde que cela ne l'eût pas avancée beaucoup. Cependant, depuis cette injonction le repos de Julie est troublé. Ses occupations ordinaires ne lui suffisent plus ; chaque soir elle attend avec une impatience toujours croissante le jour qui suivra.

Un matin, Julie reçoit une toilette complète et son père vient dans la journée lui annoncer que le lendemain aura lieu le dîner qui doit la fiancer à son futur mari. La pauvre enfant ne dormit pas de la nuit, ce qui donna à sa figure, déjà pâle, quelque chose de plus intéressant encore que de coutume. Sa parure étant au grand complet, on vint la prendre pour la conduire au salon ; la jeune fille intimidée n'ose lever les yeux, car les convives au nombre de vingt-cinq y sont déjà en présence. Peu à peu elle jette sur tous les hommes de cette réunion un regard furtif afin de se demander en secret lequel lui paraissait préférable. Quelques uns attirèrent son attention par leur figure ou leur tournure, mais elle n'osa se prononcer de peur de s'être trompée. Placée à table entre le notaire qu'elle connaissait un peu et un homme âgé qu'elle ne connaissait pas du tout, elle demeura dans la même ignorance jusqu'à ce qu'enfin les propos gaillards de son vieux voisin lui eussent fait comprendre que c'était le fils de cet homme qu'on lui destinait; elle sentit au même instant une répugnance invincible pour ce beau-père et trembla de reconnaître son fils. La crainte la plus vive ayant remplacé sa curiosité, elle tâchait de prolonger son incertitude, lorsqu'une voix nasillarde cria du bout de la table opposé à la place qu'elle occupait.

— Papa, voulez-vous de ce pâté de foie, je vous en adresse !

Il n'y eut plus moyen de douter, car un domestique remit au voisin le mets indiqué. Julie demeura stupéfaite de sa découverte ; c'était l'être le moins agréable qu'elle eût encore vu qui allait devenir son mari ; pas un ne se trouvait là qui ne lui convînt davantage, y compris son vieux voisin, car il avait du moins une taille d'homme.

Le dessert amena le Champagne et la gaîté : on s'émancipa alors jusqu'à complimenter les futurs époux qui ne trouvèrent rien à se dire ; vint ensuite la lecture et la signature du contrat. Ce fut à ce moment que le courage de la jeune fille chancela ; mais que faire ? comment oser dire à un père : *je ne veux pas !* quand de toute sa vie on n'a prononcé cette phrase, elle n'en eut pas la force et signa. Huit jours après, belle de sa jeunesse, de sa candeur et de ses brillants atours, elle reçut la bénédiction nuptiale. La noce fut très somptueuse : tout le monde y parut heureux, excepté pourtant les mariés, dont l'un regreta l'argent qu'il fallait jeter par la fenêtre et l'autre une liberté qui, si elle n'était pas le bonheur, pouvait du moins le laisser espérer.

Comme on a pu le présumer, il n'y avait aucune sympathie entre les nouveaux époux. Antoine ne rêvait que fortune, agrandissement, millions, tandis que la triste Julie, étrangère dans sa propre maison, ne prenait pas le moindre intérêt à tout ce qui se passait autour d'elle. Son père et sa jeune sœur avaient quitté Paris pour aller habiter la campagne; c'est là que Julie suppliait son mari de la laisser passer ses jours.

—Vous n'avez pas besoin de moi, lui disait-elle, je n'entends rien aux affaires, permettez-moi de me retirer avec ma famille.

Cette continuelle prière blessa Antoine.

—Vous êtes donc bien malheureuse, demanda-t-il? pour vouloir vous reléguer loin de moi.

Des larmes furent la seule réponse de Julie : l'étonnement d'Antoine redoubla.

—Vous traité-je mal ? vous manque-t-il quelque chose? parlez! demandez! mais de grâce ne pleurez pas!!!

Pour la première fois de sa vie, Antoine Bertholde s'était ému, pour la première fois une autre pensée que celle de *vendre* et *acheter* s'était emparée de son être. Julie le remercia et renouvela sa prière.

—Partez, lui dit Antoine, je ne veux pas vous refuser une chose qui vous est si agréable.

Le lendemain les paquets de Julie étaient faits; Antoine la laissa s'éloigner malgré le violent serrement de cœur qu'il éprouva.

Demeuré seul, une profonde tristesse le domina; son commerce ne l'occupa plus exclusivement et c'était presque avec impatience qu'il faisait chaque mois le relevé des énormes affaires qu'il avait conclues à son avantage. Les bénéfices ne charmaient plus son cœur. Un jour même, il lui arriva de se trouver trop riche. Qu'avait donc Antoine pour sortir ainsi de son naturel? Ce qu'il avait?... Je vais vous le dire : il était amoureux, amoureux de sa femme! depuis trois mois qu'elle était loin de lui, Antoine ne vivait plus. — « Reviens, lui écrivait-il, reviens près de moi, ma Julie, je te donnerai tout ce qui peut te plaire, une voiture, une loge à l'Opéra; mais reviens si tu ne veux causer ma mort. » Julie naturellement bonne fut touchée de ces témoignages d'affection. L'avarice de son mari lui était assez connue pour qu'elle pût apprécier son amour, en raison des sacrifices qu'il voulait faire pour elle; une jeune femme est toujours sensible aux sentiments qu'elle inspire. Julie se laissa donc toucher par les épîtres amoureuses d'Antoine et revint au bercail presque avec empressement. Mais dès qu'elle vit son mari, qu'elle entendit ce son de voix si aigre, dès qu'elle dut recevoir ses caresses, l'antipathie reprit le dessus plus fort que jamais : c'est au point que l'aspect d'Antoine faisait bondir d'impatience le cœur de Julie. Enfin, jamais répugnance ne fut plus complète.

Fidèle à ses promesses, Antoine donna une voiture à sa femme, lui acheta quelques coupons de loge et lui fournit les toilettes les plus nouvelles : croyant lui être même toujours plus agréable, il trancha du seigneur, donna des dîners, des soirées et mena sa femme dans le monde. Cette nouvelle manière d'être, loin de rendre Julie plus heureuse ne fit qu'accroître ses chagrins. Quand cette jeune femme se trouvait dans un salon, entourée d'une brillante société, elle tremblait que son mari n'élevât sa voix glapissante, ne fît une de ces plaisanteries triviales qui la mortifiaient si cruellement. Si l'on était au bal, Antoine dansait, mais si ridiculement que tout le monde riait; autre mortification pour la pauvre Julie qui n'osait lui dire : «Taisez vous, ne dansez pas, ne marchez pas, vous êtes d'un vulgaire désespérant! »L'amour-propre des femmes est très susceptible, aussi Julie souffrait-elle davantage de tous ces riens qu'elle n'eût souffert de véritables vices.

Lorsqu'Antoine reçevait chez lui, c'était un autre genre de supplice : tout était fait avec une parcimonie qui n'échappait à personne : par exemple, donnait-il un repas? les cinq verres de rigueur encombraient chaque place, le service était d'une très belle porcelaine, l'argenterie somptueuse et le dessert du meilleur goût : tout cela ne s'achète qu'une fois ! mais pour se qui ce consomme c'est différent. — « Quand les mets son tavalés et les vins bus, on n'y songe plus, disait Antoine ; quelles qu'en aient été les qualités l'effet est produit ! en raison de quoi le négociant, toujours commerçant dans l'ame, ne donnait à consommer que des choses assez médiocres. C'était selon lui 25 pour cent de bénéfice. C'est ainsi que s'il s'agissait d'un bal, il avait soin de ne faire ses invitations que pour dix heures afin de gagner deux heures d'éclairage et de ne faire servir le souper que fort tard pour qu'il restât moins de monde.

Toutes ces vilenies blessaient plus Julie qu'on ne saurait le dire : de vives et fréquentes altercations s'élevaient dans le ménage, mais dès que Julie pleurait, Antoine jurait à ses pieds de faire tout ce qu'elle exigerait de lui. Cependant, et quelque effort qu'elle fît pour s'en défendre, la répugnance de Julie pour son mari devint une véritable aversion. Elle enviait le sort de toutes les femmes, n'osait le présenter à personne et le prit dans une telle grippe qu'elle tomba malade de chagrin.

Antoine, au désespoir, envoya chercher un médecin; il agit dans cette circonstance selon sa louable coutume; au lieu de faire appeler celui de la famille Darcourt, homme d'une réputation et d'un talent éprouvés, il accueillit au hasard un docteur obscur qui se trompa complètement sur les symptômes que présentait la maladie, de sorte qu'après quinze jours d'horribles souffrances, la pauvre jeune femme fit une fausse couche de trois mois qui fallit l'emporter. Il n'y eut guère que le chagrin d'Antoine qui pût entrer en parallèle avec la fureur de Julie; avoir été sur le point de devenir mère, et ne pas l'être par la faute d'un ignorant que l'avarice de son mari avait déterré dans je ne sais quel carrefour, était un grief trop grand pour que Julie le pardonnât; sa vie compromise, son enfant perdu et tout cela par lésinerie, c'en était trop pour qu'elle ne fût pas exaspérée; mue par la plus profonde indignation, elle partit pour la campagne dès qu'elle put se lever.

Qu'on juge du désespoir d'Antoine quand il se vit encore délaissé : cette fois le courage l'abandonna; il se dégoûta tout-à-fait des affaires en songeant qu'elles déplaisaient à sa femme et se résolut spontanément à quitter le commerce pour consacrer tout son temps à cette Julie qu'il avait si peu comprise, se jurant d'étudier de nouveau ses goûts et de suivre sa volonté en toute chose. Ce parti une fois arrêté, il prit à tâche de le réaliser. Cette fois encore la fortune le servit admirablement; il trouva une si belle somme de sa maison, que son beau-père lui-même lui conseilla de traiter et de venir vivre près d'eux en seigneur campagnard. L'envie de rejoindre sa femme plus promptement rendit Antoine facile sur les arrangements, si bien qu'en moins d'un mois tout fut conclu.

Ici la scène change complètement. Antoine n'est plus un actif et laborieux commerçant qui compte en esprit ce que le bénéfice de chaque jour pourra faire au bout de l'année : c'est un riche propriétaire, ayant des bois, des métairies, des châteaux, un capitaliste inépuisable auquel s'adressent ceux qui ont besoin d'argent, lesquels ne sont jamais repoussés dès qu'ils peuvent offrir sept pour cent d'intérêt et une bonne hypothèque pour la garantie des fonds. Aussi recherche-t-on à plus de vingt lieues à la ronde M. Antoine Bertholde : il n'y a pas une belle chasse qu'il n'en soit, pas une partie de pêche ou de toute autre nature qui ne le réclame. *Cet homme doit être bien heureux!* dit-on de toute part, *il est si riche et puis toujours en fête, il doit bien s'amuser!* Hélas! non, Antoine n'est pas heureux; Antoine s'ennuie à périr et quelque chose de semblable à des remords indéterminés le poursuit sans relâche.

Peu de temps après son installation à la

campagne Antoine reçut la nouvelle que son père, assez âgé et quelque peu buveur, venait de mourir d'un coup de sang, après avoir survécu de deux ans à la compagne de ses jours laborieux. Antoine Bertholde étant fils unique, hérita de tout; mais il était loin de s'attendre que son vieux père lui laissait plus de 300,000 francs de fortune en portefeuille.

— Ce que c'est que l'ordre! s'écria-t-il presque malgré lui en se rappelant les haricots secs et les pommes de terre dont se sont toujours nourris ses parents; si j'avais vécu comme cela, j'aurais bien des mille livres de plus, mais à Paris et dans ce temps-ci, la chose est impossible.

Ne sachant que faire de ce surcroît d'argent, Antoine s'avise de spéculer sur les propriétés : il achète tout ce qui se présente indistinctement, et de cette manière il augmente encore ses capitaux bien au-delà de ce qu'il espérait ! une seule acquisition lui rapporta en bois tout l'argent qu'il avait déboursé pour s'en rendre possesseur, le fond de terre lui demeura donc pour rien, et tout en ayant l'air d'obliger il s'enrichit toujours davantage.

Si la fortune le comble de ses biens, l'amour, par une triste compensation, lui refuse ses plus légères faveurs. Depuis sa maladie, Julie est devenue véritablement acariâtre. Toujours plus prévenue contre son mari, elle ne craint pas de lui dire les choses les plus désobligeantes. Souvent elle lui reproche de l'avoir privée par son avarice du bonheur d'être mère !

— Que ferez-vous de toutes vos richesses? lui dit-elle amèrement, vous ne les emporterez pas dans l'autre monde!

Quelque fois, elle le plaisante sur la considération dont il croit jouir :

— Ne voyez-vous pas, lui dit-elle que c'est à votre argent qu'on fait la cour, et que si tout-à-coup vous deveniez pauvre, aucun de ceux qui vous nomment aujourd'hui, *mon cher ami*, ne voudrait seulement pas avoir l'air de vous connaître? Croyez-moi, la considération qu'on doit à sa fortune est bien peu de choses et l'homme qui n'a point d'autre valeur réelle que son or, est véritablement méprisable.

A force de se l'entendre redire, le pauvre Antoine commença à croire que sa femme n'avait pas tout-à-fait tort : il étudia la conduite qu'on tenait à son égard, remarqua les gestes, interprêta les sourires et finit par acquérir la triste conviction que personne ne l'aimait et que de plus beaucoup de gens se moquaient de lui. Je saurai bien, pensa-t-il, me mettre à leur niveau ne fût-ce que pour un moment, car enfin j'ai de l'argent! Il changea spontanément de manière d'être: au lieu de vivre comme un cancre et d'aller de sa personne partout où on l'invitait sans rien rendre, il voulut à son tour traiter les autres, afin de faire son profit des honneurs que l'on rend partout à l'emphytrion qui paie. Il se procura une infinité d'objets de luxe, donna des fêtes somptueuses où il invita toute la noblesse des environs, organisa des parties de chasse plus nombreuses que toutes celles où il avait assisté, laissa dévaster ses bois, dépeupler ses étangs et finit par croire à la considération de tous ceux qui le mangeaient; mais sa femme était là, toujours là, pour lui montrer les choses sous leur vrai jour, et celle à qui se rapportaient toutes ses idées de bonheur, pour laquelle il eût sacrifié une grande partie de cet argent qu'il aimait tant, se faisait un jeu cruel de le désenchanter : elle lui montrait impitoyablement son manque de politesse, son ignorance crasse sur ces petits riens qui composent l'agrément des relations et dénotent l'homme distingué, enfin exagérait l'énorme différence qui existait entre lui et la plupart des autres personnes de sa société qui pourtant n'étaient pas des aigles.

Vous me faites rougir, lui disait-elle sans cesse; quand vous parlez c'est pour articuler des balourdises, si vous riez, tout le monde se retourne et quand vous entrez quelque part c'est avec le bruit que ferait la tempête. Ah ! laissez-moi dans mon coin, j'ai trop à souffrir dès que vous vous montrez au grand jour.

. . . .

Ainsi, de quelque côté que le pauvre homme se retournât, quelque chose qu'il fît pour se décrasser et plaire à sa compagne, il ne réussissait qu'à lui paraître encore plus ridicule. Julie, comme nous l'avons dit, était douée d'un physique délicieux et d'un esprit romanesque, mais son moral était faible comme sa personne ; sans volonté, pendant sa première jeunesse, elle n'avait pas su en avoir davantage à l'âge où les personnes de de son sexe doivent prendre l'influence que les circonstances réclament. Elevée par une femme de chambre de bonne maison, elle avait le cerveau étroit, les vues petites et bornées; son faible était surtout de faire la dame de qualité, bien que fille de bourgeois et tout en étant honnête et pieuse, elle n'eut fait je crois le bouheur de n'importe qui l'eût épousée.

Avec de tels éléments la maison d'Antoine était un véritable enfer, ennuyé de tout et désespérant de ramener sa femme â des sentiments plus doux à son égard, il se replongea dans l'obscurité qui convenait à son naturel, restreignit toutes ses dépenses, et se complut du moins dans ses économies. Julie, de plus en plus misanthrope, fuyait son mari avec une sorte d'affectation; retirée dans son appartement, elle passait des heures à lire sans goût, travaillait les arts sans méthode et finissait toujours par déplorer un sort qui lui semblait affreux, car elle n'était pas de celles qui cherchent ailleurs une félicité manquant à leur intérieur : d'une modestie extrême et d'une vertu sans tache, la crainte d'aimer un autre homme les lui fait tous fuir, étant persuadée de reste que le moins bien de ceux qu'elle connaît, lui plairait encore plus que l'espèce de rustre auquel on avait uni son sort. Elle n'avait pas même la consolation de voir son père qui, craignant peut-être ses justes plaintes, voyageait avec son autre fille en Allemagne et en Italie.

Il fallait un bien grand événement pour tirer Antoine et Julie de la torpeur dans laquelle ils vivaient. Eh bien ! cet événement, ou pour mieux dire ce miracle eut lieu. Julie se sentit un malaise inaccoutumé ; sa santé toujours chancelante devint plus mauvaise ; ses nuits étaient agitées, son estomac digérait mal, Julie était grosse ! Il y avait alors dix ans qu'elle était mariée et huit qu'elle avait fait la malheureuse fausse couche dont on doit se souvenir.

Antoine ne put contenir sa joie; radieux de l'espoir de devenir père, il exprima son bonheur par les plus bruyants éclats et cette nouvelle se répandit par son organe à plus de dix lieues à la ronde. Il parcourait ses domaines dans tous les sens, afin de rencontrer quelqu'un à qui il pût dire *ma femme est enceinte !* il l'aurait je crois écrit avec son couteau sur les arbres de son parc et sur les murailles de son château pour que personne n'en ignorât.

Julie, au contraire, demeurait triste et silencieuse : il lui semblait qu'un funeste pressentiment la poursuivît et l'orsqu'Antoine parlait devant elle avec bonheur de son état, la jeune femme détournait la tête pour cacher les larmes qui la suffoquaient. Il est vrai que sa grossesse détruisait sa santé d'une manière effrayante; tout autre qu'Antoine s'en fût aperçu, tout autre que lui eût dès lors conduit à Paris celle qu'il aimait pour tâcher au moins de racheter sa vie, mais le pauvre Berthold ne songeait à rien et les souffrances de sa femme lui semblaient la chose du monde la plus naturelle. Cependant on lui avait dit jadis qu'il y aurait danger à la rendre mère de nouveau. Julie ne l'ignorait pas; peut-être même était-ce là son plus grand mal.

Antoine dépourvu de toute prudence se

conduisit encore cette fois comme il l'avait fait toute sa vie. Il habitait à cent lieues de Paris où il n'avait pas même conservé de pied-à-terre, regardant comme inutile de faire des voyages coûteux et de payer un loyer dont on n'avait pas un besoin urgent. « Les hôtels garnis, disait-il, sont faits pour quelque chose et si je vais passer quinze ou vingt jours à Paris j'irai à l'auberge. « Mais sa femme ne pouvait accoucher à l'auberge ! il fallait tout un attirail devant lequel Antoine recula. « On peut, dit-il, faire venir un homme habile, moyennant bon payement, et c'est ce que je ferai. » En attendant les jours, les mois s'écoulaient : Julie dépérissait à vue d'œil, un mal secret la dévorait. Ce mal était la peur de mourir ! faible et supertitieuse, elle se rappelait sans cesse les craintes manifestées par les médecins à l'issue de sa première grossesse. Il lui eût falu les conseils d'un homme énergique qui lui inspirât de la confiance et lui fît comprendre que le tempérament des femmes peut changer avec les années, et que telles d'entre elles qui ne fussent pas impunément devenues mères à dix-huit ans, l'eussent été plusieurs fois sans danger à partir de vingt-cinq.

. . . .

Par malheur Julie n'avait autour d'elle que son brulot de mari et quelques grasses et vives fermières qui faisaient ressortir d'autant plus sa pâleur et la délicatesse de ses formes. Antoine négligeait toujours de faire venir le médecin qu'il avait l'intention d'appeler, calculant que plus il resterait plus il serait exigeant. Enfin il attendit tant et si bien que les douleurs arrivèrent, et qu'on fut trop heureux de trouver à la ville voisine un accoucheur dont on sut se contenter faute de mieux. La vue de cet homme froissa considérablement la malade; elle crut lui trouver quelque analogie avec celui qui jadis s'était trompé d'une manière si funeste sur son compte. Il n'en fallut pas davantage pour monter sa tête, allumer son sang et lui faire un mal irréparable. La prévention qui s'était emparée de son esprit ne fit que s'accroître par l'accouchement difficile qui se présenta.

Le médecin, peu maître de lui, manifesta des craintes; l'imprudent Antoine les laissa voir à Julie, qui se dit en elle-même : « C'en est fait de moi : je devais mourir victime de l'avarice sordide de mon mari. » C'est dans cette fatale disposition d'esprit et dépourvue des ressources de la faculté, que Julie mit au monde un fils grêle et donnant à peine signe de vie. Antoine Bertholde crut tout sauvé lorsqu'il tint dans ses bras ce fils tant souhaité : il pleurait, riait et sautait tour-à-tour quand tout-à-coup le médecin lui imposa silence, en lui disant que sa femme courait le plus grand danger, et qu'on ne pourrait répondre d'elle qu'après les neufs jours expirés.

La joie d'Antoine alors se changea en désespoir, car il amait encore plus sa compagne depuis qu'elle l'avait rendu père. Dès lors il ne prit plus un moment de repos : sans cesse au chevet du lit de la malade, il épiait ses besoins, interprêtait ses mouvements et interrogeait avec angoisse tout ce qui environnait Julie. La fièvre, loin de diminuer, augmenta de telle sorte que la patiente perdit entièrement la raison; le troisième jour elle ne reconnut plus personne, fit et dit mille extravagances qui déchirèrent le cœur d'Antoine; car dans son transport sa femme lui reprochait encore sa mauvaise éducation, son avarice, et jusqu'à son physique qui, disait-elle, lui faisait horreur.

Après quelques jours de ce supplice, la fièvre cessa complètement, et fit place à une faiblesse qui ôta bientôt toute espérance : le curé du lieu se présenta comme par hasard, Antoine n'en fut pas dupe, en le voyant entrer il devina son sort. Julie parut satisfaite de cette visite; elle demanda d'elle-même de rester seule avec le digne ecclésiastique qui demeura plus de deux heures à côté de son lit : après cette longue conférence, la nuit se passa plus doucement. La malade respirait à peine, mais nulle souffrance aiguë ne la tourmentait. Antoine, morne et silencieux, resta debout à son chevet, écoutant avec anxiété la respiration entre-coupée de Julie, car cette nuit critique devait être suivie d'un jour plus critique encore, puisque c'était le neuvième après l'accouchement.

Vers le matin, elle ouvrit les yeux, l'aperçut et fit un mouvement pour lui tendre la main. Antoine se saisit avec ardeur de cette main qu'il pressa de ses lèvres, en l'arrosant de larmes abondantes. Julie alors demanda à boire, il lui présenta une potion calmante qu'elle prit avec avidité. Ranimée par ce léger cordial, elle fit signe à son mari de s'approcher et lui dit d'une voix à peine intelligible. « Je vais mourir, mon ami, pardonne-moi de n'avoir pas su t'apprécier ; oublie ma fierté, mon arrogance; tâche d'effacer de ta mémoire tout ce que je t'ai dit de désagréable, et plains-moi de ne pouvoir réparer des torts dont je juge aujourd'hui l'étendue. Il eût fallu, je le sens, m'accoutumer à tes petits travers, les combattre par ma tendresse et ma raison, et remercier surtout le ciel d'avoir uni mon sort à celui d'un honnête homme. Je te laisse un fils, reporte sur lui l'affection que je t'avais inspirée et que j'ai si mal payée : fais donner, à ce fils qui me coûte la vie, une éducation qui le mette à même de n'avoir jamais à rougir de son ignorance. Une autre prière encore, ajouta-t-elle après un instant de repos, promets-moi, jure-moi de ne jamais marier notre enfant sans sa participation pleine et entière, car le plus cuisant des maux est sans contredit un hymen mal assorti; souviens-toi, ajouta-t-elle avec une intention marquée, qu'il est des antipathies insurmontables!...» Après ces derniers mots qui brisèrent le cœur du pauvre Antoine, Julie retourna la tête de l'autre côté, comme si une pénible pensée l'occupait.

Dans la matinée qui suivit, le curé revint la voir, et passa un quart d'heure avec elle, puis il annonça qu'il allait lui donner les derniers sacrements. A cette fatale nouvelle la douleur d'Antoine devint déchirante. — Ne la troublez pas, lui dit sévèrement le prêtre, songez Monsieur qu'il y va maintenant de son salut éternel. Toute la maison fut appelée pour assister à cette triste cérémonie : le malheureux Antoine, à genoux dans un coin de l'appartement, étouffait ses sanglots. Bientôt le curé lui fit signe d'approcher. —Votre femme, lui dit-il, veut, en présence de tous vos serviteurs, implorer votre pardon pour le peu d'égards qu'elle vous a témoigné pendant sa vie. Elle veut aussi que ces mêmes serviteurs l'excusent si, involontairement ou sciemment, elle a manqué vis-à-vis d'eux de patience ou d'indulgence. Trop faible pour parler elle-même, elle emprunte ma voix, à laquelle elle se joint du fond de l'ame, n'est-il pas vrai ma fille? — Pardon! pardon! s'écria Julie, en tendant les bras vers son mari. Celui-ci ne put plus se contenir : il fallut l'emporter, et la cérémonie s'acheva sans lui. Le soir même Julie avait cessé de souffrir.

C'est dans cet affreux moment qu'Antoine reconnut le néant des biens terrestres. Sa femme adorée venait d'expirer dans ses bras;

son fils n'avait que le soufle : le plus léger incident pouvait lui ravir ce dernier espoir, et tout l'or du monde restait insuffisant à calmer de tels maux. O providence! s'écria-t-il en se jetant sur le berceau de son fils, retire-moi mes richesses, elles me sont importunes puisqu'elles n'ont pu me conserver Julie, mais laisse-moi mon fils, ce fils qu'elle m'a légué, ce fils qui m'aimera peut-être, ce fils, mon unique trésor!...

La tristesse d'Antoine jeta de profondes racines. Son caractère jadis insouciant et gai changea complètement : il vécut seul dans sa terre, où quelques travaux ruraux occupèrent son temps. L'amour des richesses s'était éteint en lui. Il refusait obstinément de se mêler d'affaires, disant à ceux qui lui montraient des bénéfices certains : — Je suis trop riche, mon fils ne l'est pas moins que moi, pourquoi enleverais-je à d'autres la chance que vous me proposez? il faut que tout le monde vive.

Depuis qu'il avait renoncé sérieusement à toute espèce de spéculation, la vie d'Antoine était bien monotone : il n'aimait ni la lecture, ni les arts, amis fidèles des malheureux; le monde lui était insupportable, car il s'y sentait déplacé; la chasse à laquelle d'ailleurs il était fort maladroit ne lui procurait aucun plaisir : son enfant, sa seule distraction ne pouvait encore le comprendre ni même répondre à ses caresses. Enfin, l'ennui, ver rongeur qui détruit et empoisonne l'existence de tant de riches, l'ennui s'était emparé d'Antoine à tel point que sa santé s'en altéra bientôt visiblement. Il était dans cette fâcheuse situation d'esprit, lorsque son beau-père, arrivé récemment d'un long voyage, vint le visiter.

La première entrevue fut douloureuse, eu égard au triste événement survenu pendant l'absence de ce dernier; lorsque la triste effusion fut passée, on causa plus raisonnablement. Monsieur Darcourt parla beaucoup de l'agrément qu'on trouve à parcourir le monde, des belles choses qu'on y voit, de l'instruction qu'on en rapporte, et finit par conseiller sérieusement à son gendre d'essayer de ce remède pour combattre le chagrin profond qui se lisait sur son visage. — Votre fils, lui dit-il, peut se passer de vos soins pendant plusieurs années, d'autant que je veillerai sur lui à votre place : allez, mon cher ami; retrempez votre ame froissée par le malheur, formez votre esprit, affermissez votre cœur pour guider un jour vous-même l'enfant que ma pauvre fille vous a tant recommandé.

Ce projet de courses lointaines plut à Antoine, il espéra acquérir quelques connaissances qui le missent à même de suivre, ne fût-ce que de très loin, les études de son fils. On lui indiqua l'Italie, à cause du délâbrement de sa santé. Quelques jours après, muni d'un fort mince bagage et de bonnes lettres de change, il montait dans la rotonde d'une des diligences Lafitte et Caillard, se rendant à Marseille. Il n'avait séjourné que trois jours à Paris, tant les souvenirs qu'il retrouvait en cette ville étaient pénibles à son cœur.

En passant à Lyon, Antoine désira visiter

quelques manufactures de soieries : il se présenta à cet effet chez le premier de ses correspondants dont le nom lui revint à l'esprit. A peine se fut-il fait connaître que la joie se répandit sur tous les visages : maîtres et ouvriers se rappelèrent son nom comme celui d'un homme d'honneur, dont la signature, vierge de tout protêt, valait de l'argent comptant. On s'inquiéta peu de la tournure et des manières de celui qui le portait; on ne vit que le négociant probre, le spéculateur habile, la réputation d'intégrité : on l'entoura à l'envi, pour lui témoigner l'estime qu'on faisait de lui; chacun voulait le voir, lui parler, tant le véritable honneur attire de simpathie.

En un moment la nouvelle de l'arrivée d'Antoine fut répandue dans toute la ville.

Le haut commerce se présenta en corps à son hôtel pour lui rendre hommage. En vain il voulut se soustraire aux compliments qu'on lui fit, aux invitations dont on l'accabla! Une si touchante cordialité régnait dans toutes les maisons où on l'entraînait, que force lui fut de s'y trouver heureux. Roi de la fête, mais seulement pour sa haute probité, il n'eut à souffrir d'aucune de ces vexations qui le poursuivaient en tous lieux : là, point de simagrées de société, point de langage incompréhensible; de la rondeur, de la franche gaîté, jointe au confortable que procure le travail et l'industrie bien entendus.

Personne n'avait compté avec Antoine Bertholde; on ignorait s'il s'était retiré riche du commerce; on savait seulement qu'il avait contribué pendant plus de quinze ans à sa prospérité, et qu'il l'avait quitté sans devoir un sou. Lorsqu'Antoine fut sur le point de partir de Lyon, il voulut laisser aux ouvriers en soieries une marque de satisfaction; mais assez embarrassé sur ce qu'il devait faire pour eux, il consulta le maître d'une des fabriques les plus considérables, qui lui répondit : — Vous ne connaissez pas nos braves ouvriers, mon cher ami, si vous croyez qu'ils vous estimeront davantage quand vous leur aurez donné quelque argent! Cette classe essentielle de notre population est très fière; elle ne demande que du travail pour subvenir à ses besoins, mais elle refuserait dignement tout ce qui ressemblerait à une aumône. Cependant, Dieu me garde de comprimer l'élan d'un cœur généreux : il faut que la vertu laisse partout des traces de son passage. Suivez-moi donc, et venez m'aider à soulager de grandes infortunes.

Le fabricant conduisit alors Antoine dans le quartier de la Croix-Rousse, le fit entrer dans plusieurs maisons dont l'aspect misérable serra involontairement son cœur. La plupart de ces bicoques étaient habitées par de pauvres vieillards infirmes et des veuves chargées de famille, qui n'avaient d'autre ressource que la bienfaisance publique. Antoine n'eut pas besoin de plus amples renseignements pour faire à chacun de ces infortunés un présent assez digne ; en voyant un petit enfant dans les bras d'une jeune femme malade, dont la physionomie était très intéressante, il pensa à son fils, à sa Julie, et tout ce que contenait sa bourse fut versé dans le tablier de la tendre mère, qui ne sut exprimer sa reconnaissance que par des larmes. Antoine quitta ce faubourg chargé des bénédictions de tous les infortunés. Cette matinée fut la première vraiment heureuse qu'il eût passée depuis la mort de sa femme. Il rentra chez lui profondément touché de ce qu'il avait vu, de ce qu'il avait fait, et quitta Lyon content de lui-même et des autres.

Antoine prit le bateau à vapeur pour descendre le Rhône, la diligence le fatiguait et l'ennuyait : il espéra mieux de la navigation, mais il faut avoir un peu de poésie dans l'ame pour se plaire à la vue d'un grand fleuve qui effraye votre imagination s'il ne la charme, de celui-là surtout, dont la rapidité rappelle au penseur que sa vie s'écoule ainsi sans qu'il s'en aperçoive, sans qu'il lui soit possible d'en retenir la moindre parcelle... Antoine Bertholde fut à peine ému par la majesté de ce beau fleuve, de même que par ses bords si variés d'aspect, et qui tantôt riants, tantôt arides dénotent la diversité de la nature : pourquoi, placés sous un même ciel, ne pas affecter le même costume? ne pas jouir des mêmes faveurs? Cette traversée est peu longue; notre voyageur atteignit enfin Marseille, à son grand contentement. Le vague de son ame se manifaistait en toute chose : dès qu'il se mettait en route il aurait voulu arriver, et dès qu'il arrivait il brûlait de repartir; il semblait qu'on l'attendît quelque part : decouragé de lui et des autres, il cherchait au hasard un bonheur que rien ne lui faisait encore présager.

La saison était assez avancée et comme il

y avait alors peu de bateaux à vapeur qui fissent le trajet de cette ville à Naples, but d'Antoine, il se vit contraint de passer à Marseille une douzaine de jours, quand il eut parcouru cette belle cité, lorsqu'on lui eut fait admirer la Cannebière, après qu'il eut visité la bourse, les théâtres, le port et l'amirauté, quand il eut fait quelques promenades en mer, il ne sut plus que devenir. Alors il eut l'idée de se remettre en route pour se distraire. On lui offrit un voyage à Toulon. Quelle est cette ville? demanda-t-il, y fait-on du commerce? Mais c'est un port de mer très curieux, dit un des assistants fort étonné de la question, et dont l'arsenal renferme les plus grandes beautés; monsieur n'est donc pas Français?... Cette réponse déconcerta notre pauvre Antoine qui voulut voir Toulon pour ne plus se trouver dans le même embarras en semblable occurence. La route l'effraya, les hautes montagnes, au milieu desquelles on passe, lui parurent d'un aspect sinistre et les gendarmes qui la parcourent en tous sens le désenchantèrent totalement. — Je ne conçois pas, disait-il, à un de ses voisins qu'on prenne plaisir à visiter de pareils lieux, surtout quand il y a danger de mauvaises rencontres, car ils me semble que ces *Messieurs*, ajouta-t-il en montrant les gendarmes, ont l'air de chercher quelque chose. —Sans doute, répondit le voisin, on est à l'enquête d'un grand scélérat échappé du bagne depuis huit jours. Cet homme, condamné à perpétuité pour récidive d'assassinat, est des plus redoutables, c'est pourquoi vous voyez tant de gens armés dans ces parages.

A ce récit le sang d'Antoine se glaça, ses

yeux fixés regardaient avec effroi les dessins bizarres formés par les accidents de rochers : il croyait voir autant de fantômes d'une grandeur démesurée et lui faisant d'horribles grimaces. Il n'était pas jusqu'aux bois de pins qui croissent sur la cime de ces roches, qui éclairés par une lune vacillante, n'offrissent à son esprit prévenu, l'image d'une bande de brigands réfugiés là tout exprès pour tirer sur les passants et les détrousser. A chaque détour de cette miraculeuse route, à chaque cavité creusée par la nature, Antoine se croyait assailli ; enfin, cette nuit fut pour notre homme qui n'avait jamais quitté son comptoir, un véritable supplice que le jour put à peine faire cesser. — Au diable soient les voyages, dit-il, en arrivant à l'auberge ; je ne sais ce qui me tient de m'en retourner dans mon château : là du moins on ne parle pas de voleurs. Un assez bon déjeuner remit Antoine de ses fatigues morales, et moyennant la certitude de repartir le matin au lieu du soir, il reprit son humeur habituelle. Un homme du pays, qu'il paya bien entendu, lui en fit les honneurs. En traversant les rues de Toulon pour se rendre au fort Lamalgue, il remarqua une quantité de forçats occupés au nettoyage. Comment, pensa-t-il, une ville peut-elle être en repos quand il circule dans son sein tant de malfaiteurs? Je ne voudrais pour rien au monde demeurer ici; ce spectacle épouvante et afflige. Plusieurs d'entre eux lui tendirent la main ; il s'éloigna d'abord avec effroi et puis se rapprocha par pitié pour leur donner quelque petite monnaie, bien que ces malheureux lui fissent horreur.

Après avoir admiré le fort et la magnifique vue qu'on découvre de sa vaste esplanade, Antoine fut conduit à l'arsenal, c'est là qu'il reconnut la puissance de l'esprit humain : que de beautés mécaniques, de forces industrielles! combien de travaux accumulés dans un si petit espace ! que de calculs et de combinaisons pour utiliser la science de chacun ! pourquoi faut-il que l'admiration soit continuellement balancée par l'aspect des misères rebutantes qui s'offrent aux regards, et prouvent que les grands génies qui ont créé tout cela ont encore laissé une vaste marge aux améliorations ? Car s'il est beau d'avoir su contenir cette masse hétérogène, qu'on nomme galériens, d'avoir trouvé moyen d'utiliser sa force physique, ne serait-il pas plus noble encore, de retremper son intellectualité, par une instruction morale bien entendue, par un traitement plus humain, par une nourriture saine et abondante, et surtout par des dortoirs plus appropriés à notre espèce? Quoi de plus hideux que les galeries où ces misérables doivent passer la moitié de leur existence? Les planches inclinées qui leur servent de lit, la mauvaise couverture qui les abrite et que chacun d'eux secoue comme un chien remue sa paille; cette chaîne qui les unit entre eux et dont le bruit à quelque chose d'infernal, ne sont assurément pas faites pour produire de doux songes; si quelqu'un dentre eux est privé de sommeil, il oublie, dans le trouble de ses pensées, l'outrage dont il s'est rendu coupable envers la société, pour ne voir que le châtiment qu'on lui inflige en son nom, et loin de se repentir, il jure au fond de son cœur une haine éternelle à ce qu'il appelle ses oppresseurs.

Pour avoir une idée des misères humaines, de la dégradation de l'homme coupable et de tout ce qui reste à faire à la civilisation, il faut visiter un bagne! pour se rendre meilleur et fuir à jamais toute tentation honteuse, il faut visiter un bagne! pour devenir tout-à-fait philantrope et donner au pauvre laborieux plus que son superflu, il faut visiter un bagne!...

L'homme le plus vain s'humilie devant ces grandes calamités dont rien ne peut mettre à l'abri, pas même la vertu. Le cœur le plus dur saigne en regardant cette plaie gangrenée, inguérissable que pourtant on pourrait soulager et resteindre à ce qu'il me semble! Oh! humanité, qu'es-tu devenue? Publicistes, députés, législateur que faites-vous?

Toutes ces réflexions se pressaient en foule dans la tête d'Antoine, il regreta vivement de n'avoir pas le talent d'écrire afin de plaider la cause sacrée de l'humanité; sa bourse suppléa son défaut d'éloquence; dans l'impossibilité de défendre le malheur avec la plume, il le soulagea de son pécule et partout où il passa, il laissa de nobles preuves de son vif intérêt : combien son ame n'avait-elle pas déjà gagné en sensibilité !

Chacun fut surpris de la quotité de ses aumônes, car son bagage et sa tournure ne dénotaient pas un rang bien distingué; on l'en remercia d'autant plus et là comme à Lyon il reçut mille bénédictions qui tombèrent sur son triste cœur et en adoucirent les souffrances.

De retour à Marseille, Antoine attendit patiemment le départ d'un bateau : content d'avoir fait un peu de bien, il pensait à ses obligés et se disait ingénûment « C'est singulier, dans le commerce on n'a le temps de rien que de gagner de l'argent. Cependant on peut s'occuper de choses presque aussi récréatives! mais il en faut de cet argent, même pour se livrer à ces distractions là! » Antoine en effet ne connaissait encore que la *générosité pécunière*, si l'on peut risquer cette expression. Il est pourtant une générosité d'une autre nature qui procède par des actions d'un ordre plus relevé et qui peut-être sera quelque jour à sa portée ; espérons, il est en bon chemin.

Le capitaine du bateau à vapeur en partance, vint lui-même offrir ses services à Antoine.

— Combien coûte la traversée? demanda notre ex-commerçant.

—250 francs, nourriture à part, lui répondit le patron, à peu près 100 écus tout compris.

— C'est bien cher pour trois jours, répartit Antoine.

— Mais, reprit le capitaine, nous avons les secondes places qui ne coûtent que 150 livres et qui peut-être conviendront mieux à Monsieur?

En disant ces mots, ce dernier jetait un regard de dédain sur la modeste chambre du voyageur et sur la petite malle placée toute ouverte auprès de lui.

— Sans doute, sans doute dit vivement Antoine, 100 francs de gagnés en trois jours c'est quelque chose, cela peut s'employer plus utilement.

Le capitaine ne fit pas attention à cette dernière phrase il inscrivit le nom d'*Antoine Bertholde* et sortit en saluant légèrement.

On s'embarqua le soir et l'on appareilla la nuit même. Antoine, couché dans son petit lit et dormant profondément, fut réveillé par un violent mal de cœur : il se leva, monta sur le pont et demeura stupéfait du spectacle qui s'offrit à ses yeux. La lune resplandissante éclairait la Méditerranée : elle en argentait la surface limpide comme un beau miroir; de vives étincelles marquaient au loin la trace du navire et les lueurs phosphorescentes s'éteignaient soudain dans la mousse blanche produite par la rapidité des roues. A droite, on apercevait les côtes prêtes à vous recueillir dans quelque anse en cas de tourmente.

Antoine, à ce spectacle sublime, demeura confondu : il lui sembla qu'il était seul devant le ciel et que rien ne l'en séparait; une puissance invisible agissait sur lui, car pour la première fois de sa vie peut-être, il éleva sincèrement son cœur à Dieu et se prosterna devant l'auteur de toutes ces merveilles.

— « Oh! ma Julie, s'écria-t-il, si tu me vois, si tu m'entends de ce séjour céleste où doivent t'avoir placée tes vertus, rapelle-moi à tes côtés, la vie m'est trop insupportable sans toi, je ne suis bon à rien ici-bas et puisque je n'ai pas su t'y conserver, fais que je meure aussi. »

Un torrent de larmes soulagea sa poitrine oppressée; jamais la perte qu'il avait faite ne s'était présentée si vivement à son esprit: l'aspect de cette mer immense, le radieux du ciel, la solitude dans laquelle il se trouvait, le bruit du sillage, tout portait notre Antoine à la plus sombre mélancolie : tout-à-coup, une funeste pensée traversa son esprit; il regarde avec avidité l'abîme qui l'entoure, sonde des yeux sa profondeur et ressent un désir immodéré de s'y précipiter. « Là peut-être est ma Julie! se dit-il. » Mû par cette idée fixe, il cherche l'endroit le plus obscur, sans se rendre bien compte de ce qu'il va faire, quand soudain un horrible cri se fit entendre presque à ses pieds; ce cri semble sortir du fond des flots. Antoine s'élance au gouvernail en poussant lui-même un cri non moins déchirant, car il a aperçu une chaloupe conduite par un seul homme, prête à passer sous le bateau à vapeur et comme attirée par le remou qu'il produit. Au bruit que fait Antoine, le matelot de quart et le capitaine occupés sur un autre point, changent spontanément la manœuvre et parviennent, avec l'aide de quelques matelots, à effectuer une déviation qui sauve l'imprudent pêcheur.

— Sans vous, dit-on de toutes parts à Antoine, cet homme était perdu, personne ne l'avait aperçu...

— « Je ne suis donc pas tout-à-fait inutile en ce monde, pensa le pauvre veuf dont cet événement avait changé les idées. Vivons, puisque je puis encore sauver un de mes semblables. »

Un beau soleil d'octobre réunit tout le monde sur le pont, dès huit heures du matin on se regarda les uns les autres comme pour faire un choix. Les élégants se raprochèrent des élégants, les bavards adressèrent la parole à tout le monde, et les commis voyageurs papillonnèrent autour des femmes de belles manières. Quand vint l'heure du déjeuner, la distinction forcée eut lieu : les riches, ou du moins ceux qui agissent comme s'ils l'étaient, passèrent dans le joli salon des premières places, tandis que les pauvres et les subalternes se dirigèrent du côté opposé. Antoine était, on le sait dans cette dernière cathégorie, ce qui d'abord le blessa singulièrement en songeant aux richesses qu'il possédait ; et puis réfléchissant tout-à-coup à l'air de protection de ce grand monde, aux ridicules simagrées des femmes comme il faut ou prétendues telles, il persista dans son humilité et s'en trouva bien, car il rencontra parmi les gens moins privilégiés du sort, des êtres vraiment distingués, des artistes aimables et des gens du peuple honnêtes et prévenants. Nul ne s'inquiéta de ce qu'était Antoine, il payait comme les autres et fut traité de même. La gaîté de ses compagnons le divertit d'abord et le gagna ensuite, si bien que la fin du voyage lui parut un malheur puisqu'il se retrouvait seul et triste comme de coutume.

La baie de Naples est un des plus beaux points de la terre : d'un côté les îles d'Ischia de Procida et de Caprée, de l'autre, le Vésuve; la ville étalée en amphithéâtre ayant le château Saint-Edme pour diadème; enfin vers la gauche, Pausilippe, Pouzzole et toute la côte que termine le cap Misène; tels sont les points essentiels de ce vaste et magnifique panorama. Un cri unanime d'admiration se fit entendre sur le bateau, quand cette vue presque miraculeuse s'offrit aux vovageurs immobiles de surprise. Antoine peu sensible en général à ces sortes de choses fut émerveillé : il serait volontiers demeuré à cette place croyant presque qu'il n'avait plus rien à voir après cela.

Cependant, quand on eut rempli les formalités d'usage, il fallut entrer en ville. Un homme était venu très poliment, prier les arrivants de se rendre à son hôtel où, disait-il, on recevait toutes les fortunes.

Antoine le suivit machinalement avec son léger bagage qui ne l'avait pas reteuu longtemps aux formidables douanes du port et marchait assez vite, en compagnie d'autres passagers du bateau tendant vers le même but. Après une assez grande course on parvint à une rue longue étroite et humide où était situé l'hôtel en question. On le fit monter, ainsi que ses compagnons, au premier étage d'une immense maison, puis un gros homme se présenta qui examina chacun d'eux avec un regard d'aigle, fit l'empressé envers ceux dont l'extérieur promettait, et qui, venant au tour d'Antoine et d'un autre homme placé derrière lui, leur dit :

— Messieurs je suis désolé; mais je n'ai pas de place.

— Pourquoi donc nous faites-vous venir ? interrompit Antoine avec humeur.

L'hôte ne répondit pas et s'occupa avec empressement d'introduire une dame et son mari qui, précédés d'un domestique, avaient de nombreux bagages à surveiller.

— Cet hôtel est trop beau pour nous, dit en riant l'homme qu'on avait aussi évincé; voilà ce qu'a voulu nous faire entendre ce gros compatriote de cuisinier parvenu. Venez, mon cher compagnon de voyage, et allons chercher gîte ailleurs : aussi bien vous m'avez l'air d'un bon enfant et si vous voulez, nous ferons chambrée ensemble, pourvu toutefois que vous ne dépensiez pas trop. Je suis négociant et viens ici pour des rentrées d'argent sur lesquelles je fonde peu d'espoir: je suis de plus père de famille et honnête homme, vous voyez que je dois allez doucement.

Ce langage franc et plus encore la profession de l'interlocuteur convinrent fort à Antoine qui suivit aveuglément cet intime de fraîche date. Ils prirent deux chambres dans le même hôtel, et firent plus ample connaissance en visitant ensemble les curiosités de la célèbre Parthenope. A la faveur de cette liaison, Antoine eut l'occasion de voir Herculanum, Pompeï, le Vésuve, et les cent mille merveilles qui attirent à Naples des visiteurs de toutes les extrémités du monde civilisé. Quelque curieuse que fussent ces choses, elles intéressèrent peu notre voyageur. Les cratères ouverts ou fermés n'offraient à son esprit qu'un gouffre effrayant, dont il fallait fuir le voisinage. Il n'était pas de ceux que charme la possession d'un petit fragment de mosaïque pris dans un temple ruiné : la vue de Pompeï attristait son ame. En parcourant ces rues désertes il se croyait comme sauvé seul d'un affreux cataclysme, et se demandait si la mort ne serait pas préférable à la solitude absolue. Quelque chose qu'il vît, il faisait un retour sur lui-même, et sentait ses chagrins avec plus d'amertume.

L'accueillait-on dans une famille ? la vue d'une jeune mère lui perçait le cœur ; celle d'un enfant le faisait fondre en larmes. Il craignait pour son fils et voulait courir le surveiller. Une lettre de son beau-père vint le tranquilliser à cet égard, et lui rendre un peu de calme. — *Restez sous ce beau ciel*, lui écrivait-on, *jouissez de sa douceur, pendant que nous grelotons ici ; quand on est riche comme vous, on n'a rien de mieux à faire que de suivre le soleil, qui seul rend la santé et nous donne cette incurie si convenable à ceux dont la fortune est faite.*

Antoine sentait au fond du cœur qu'on pourrait faire un meilleur usage de sa force, de sa santé, surtout de sa richesse, mais quoi !... Voilà ce qu'il se demandait sans cesse ; le profond chagrin qui le consumait, énervait tellement son ame, qu'il ne se sentait plus aucune énergie ; les continuelles distractions qu'on lui procurait le fatiguaient sans l'amuser : la misère dégoûtante qui s'offrait à ses regards sous toutes les formes, déplaisait à ses yeux sans toucher son cœur. Il ne voyait dans cette populace immonde qui vous poursuit impitoyablement partout dans le royaume de Naples, que de misérables paresseux, préférant l'abjection de leur sort à un travail quelconque, et vivant heureux dans leur avilissement. Aussi, jamais Antoine ne fouillait à sa poche quand il s'agissait d'une aumône de ce genre. — Travaillez fainéants, criait-il en français, je n'ai pas la moindre pitié de vous; laissez-moi tranquille. Quelquefois même il levait sa canne sur ceux qui le tourmentaient le plus, ce qui le rendit respectable pour cette population improprement honorée du surnom de Lazzaroni (1), et qui n'est, à vrai dire, que le rebut de toute civilisation.

Il y avait déjà plus de six mois qu'Antoine

(1) Le vrai Lazzaroni, type du philosophe stoïcien de l'antiquité, n'est presque plus à Naples, aujourd'hui, qu'un être idéal, n'offrant aucune ressemblance avec l'abjecte population qui attriste cette importante capitale.

était à Naples, lorsqu'il y fut atteint d'une maladie d'estomac, causée par la chaleur du climat. Seul dans une auberge depuis le départ de son compagnon de voyage, il éprouva un découragement total : sa maigreur augmentait chaque jour, et la crainte de ne pouvoir supporter les fatigues du retour pendant l'été, le clouait dans ce pays, où il fût sans doute mort si quelqu'un n'était venu à son aide. Un jour que, comme un vrai Lazzaroni, il prenait le soleil sur le quai de la Chiaïa, il fut rencontré par un Français résidant à Naples, qu'il avait eu occasion de voir dans une de ces parties en commun, si fréquentes en Italie : une course à *Pompei*, ou aux *Camaldules*, dans *les Iles* ou à la *Grotte d'Azur* avait commencé cette manière de liaison.

— Je vous croyais retourné en France! lui dit le personnage qui l'accostait, mais vous me paraissez souffrant et triste, continua-t-il, seriez-vous malade?

— Assez, repondit Antoine, et vous même ne me semblez pas aussi bien portant qu'il y a six mois?

— Que voulez-vous, mon cher, reprit tristement le Franco-Napolitain, je ne suis pas précisément malade, c'est le train des affaires qui me tourmente!... Ah ça, pourquoi n'êtes-vous pas venu me voir? Je vous avais donné mon adresse en ville, et dans tous les cas, vous m'auriez trouvé à Cazerte, dans ma fabrique, où vous m'aviez promis de me visiter. Puis-je espérer que vous tiendrez votre parole?...

— Je suis trop souffrant en ce moment, répondit Antoine.

— C'est précisément pour cela qu'il faut venir, reprit l'interlocuteur : j'ai quelques affaires en ville ; je compte y demeurer trois jours, après lesquels je vous emmène. Vous m'avez paru fort entendu en fabrication, peut-être vos avis me seront-ils de quelque utilité.

Ce dernier argument l'emporta. Trois jours après, Antoine prit avec son nouvel ami le chemin délicieux qui conduit à Cazerte.

Celui qui l'emmenait avec tant de cordialité, était un vieillard établi depuis trente ans à Naples. Diverses révolutions l'avaient successivement ruiné ou enrichi ; mais sa loyauté et son courage l'avaient soutenu dans ces différentes crises. Marié à une Napolitaine non moins recommandable que lui, il était père d'une nombreuse famille, et chef d'une immense filature. Il passait pour opulent parce qu'il avait toujours fait honneur à ses engagements, et mené un genre de vie vraiment digne. Lui seul savait les angoisses qu'on éprouve dans le commerce, lui seul connaissait la torture des jours inquiets, des nuits sans sommeil, des espérances déçues. Bon mari, excellent père, il ne faisait partager aux siens que son bien-être, et dévorait seul les amertumes de la vie.

Antoine fut on ne peut mieux reçu dans cette famille. M. Lacombe avait dit en particulier à sa femme dès leur arrivée : — Je te recommande notre hôte, je le crois malheureux; victime peut-être des chances commerciales, il est loin des siens, sur une terre peu hospitalière; qu'il retrouve au moins chez un compatriote une parcelle de la patrie. C'en fut assez de dit pour madame Lacombe, qui se fit dès lors un devoir et un plaisir de soigner Antoine Bertholde, comme s'il lui eût appartenu. Soit par l'effet du changement d'air, ou ce qui est plus probable, par suite d'une prédisposition, toujours est-il qu'Antoine, au bout de quelques jours de campagne, tomba dangereusement malade. Un médecin français fut appelé : tout ce qu'il dicta s'exécuta avec le plus grand soin; mari, femme, enfants rivalisèrent de zèle auprès du patient, qui pourtant était pour eux presqu'un inconnu.

Lorsque la fièvre cessa, et qu'Antoine put distinguer de quel empressement il était l'objet, il en ressentit une reconnaissance impossible à concevoir : il ne pouvait l'exprimer, mais l'attendrissement faillit lui devenir funeste. Lorsque, couché silencieusement sur son lit, il voyait cette respectable mère de famille s'arracher à tous ses devoirs pour le soigner, parcourir sa chambre sur la pointe des pieds, en renouveler l'air, préparer et lui offrir tout ce qui pouvait soulager ses maux, des larmes intérieures d'attendrissement retombaient sur son cœur et le disposaient aux douces émotions; puis quand le danger fut passé et que la distraction devint seule nécessaire, la mère de famille en laissa le soin à ses enfants : alors, de jeunes garçons lui offrirent leur soutien pour la promenade, ou le concours de leur expérience pour une partie quelconque, pendant que leurs sœurs, au nombre de trois, lisaient ou travaillaient près de lui, les jours où son état de convalescence exigeait qu'il restât à la maison.

L'aîné des fils aidait son père à conduire la fabrique; un plus jeune courait le pays et faisait en général les affaires du dehors; une grande sœur remplacait sa mère dans la maison et les six derniers, trop jeunes pour être utiles, apprenaient à cet enseignement mutuel, le travail et la vertu. Antoine ne put assez admirer cet intérieur, et le bonheur qui semblait y régner; la subordination et le respect en étaient la base: quand le chef ordonnait tout le monde obéissait; en son absence la mère avait tout pouvoir; puis venait le tour de Clothilde, la sœur aînée: cette jeune personne possédait une raison bien au-dessus de son âge, et quoiqu'elle ne fût pas ce que l'on appelle jolie, plusieurs partis avantageux s'étaient déjà présentés pour elle. Il n'était personne qui l'ayant vue chez son père ne désirât la placer à la tête de sa maison. Lorsque sa mère l'interrogeait et lui faisait part de ces propositions, Clothilde répondait : « Ma bonne, mon excellente mère, laissez-moi près de vous, ne m'expulsez pas de votre famille; n'ai-je pas ici tout ce que je désire! un intérieur selon mon goût, des parents adorés ; en mes frères aînés, des amis naturels qui me chérissent et jusqu'à des enfants, car mes petits frères et sœurs m'aiment et me respectent comme leur propre maman. Il n'est aucun sort, je vous le jure, que je voulusse échanger contre le mien. » Touché de ces douces paroles, on ne tourmentait plus Clothilde qui avait atteint ainsi sa vingt-cinquième année.

Plus Antoine appréciait les vertus et le bonheur de cette admirable famille, plus il déplorait l'accident qui l'avait privé des mêmes délices. « Si ma Julie avait vécu, se disait-il, j'aurais une femme, des anfants, un centre d'affections ; mais que dis-je, hélas ! cette femme ne m'aimait pas ; nos goûts, notre éducation n'avaient aucune analogie ; qui sait même si mon fils, élevé selon ce que comporte sa fortune, ne rougira pas un jour de m'appartenir par les liens du sang. » Cette idée déchirante le désespérait, car il sentait bien, que, quelques efforts qu'il fit, sa nature serait toujours la même, c'est-à-dire ignorante et ridicule aux yeux des gens du monde qui, en général, ne jugent que d'après l'extérieur. Comme nous l'avons déjà dit, Antoine ne se targuait plus même de son immense fortune : depuis qu'il s'était convaincu du peu qu'elle avait fait pour son bonheur, il l'estimait à sa juste valeur, et l'eût volontiers sacrifiée à l'instruction, aux agréments qui lui manquaient, au bonheur d'être aimé pour lui même.

Aussi ne parlait-il plus comme autrefois de ses biens de ville, de ses châteaux, de ses terres. Son enfant seul l'occupait : c'était son unique espérance. On savait chez M. Lacombe qu'Antoine avait été négociant, qu'il avait perdu successivement deux compagnes dont la dernière surtout avait laissé dans son ame une douleur amère, qu'il avait un fils en bas-âge et qu'il voyageait pour sa santé. Jamais il ne s'ouvrit à ses amis sur son état de fortune, jamais ses amis ne l'interrogèrent à cet égard. Ces braves gens, persuadés qu'il s'était expatrié pour de grands revers, respectaient son secret et se contentaient de lui adoucir par leur amitié, les chagrins de la vie dont la plupart d'entre eux se croyaient à jamais exemptés.

En effet, tout respirait au dehors la joie et le contentement dans la pittoresque fabrique de Cazerte! un œil scrutateur eût bien distingué sur le front de M. Lacombe la trace de chagrins habilement déssimulés : des rides anticipés sillonnaient déjà les traits doux et réguliers de ses deux fils aînés ; mais le reste de la famille paraissait si calme qu'on supposait que le travail seul, avait été la cause de cette différence. Au bout de trois mois de séjour dans cette délicieuse campagne, Antoine, dont la santé se trouvait raffermie, voulut prendre congé de ses hôtes pour retourner en France. Il comprenait parfaitement que les voyages ne peuvent vivement intéresser que les ames poëtiques, que les esprits élevés, que les amis des arts ou des beautés naturelles. M. Lacombe et sa femme l'engagèrent à rester au moins pendant l'hiver qui s'approchait; — Il n'est pas prudent à vous, disaient ces dignes gens, de rentrer en France en cette saison, après avoir tant souffert. Demeurez ici quelques mois encore pour remettre entièrement votre estomac fatigué par une si longue maladie. Le médecin joignit sa voix à celle des deux époux pour retenir Antoine qui enfin se laissa convaincre. Il voulut pourtant fixer une pension pour le temps qu'il avait passé et qu'il passerait encore près deux : — Si je comptais bien avec vous, lui répondit M. Lacombe, je vous serais redevable; car la vie est ici à si bon compte que la pension serait très minime, tandis que les conseils que vous me donnez sur mes fabrications sont pour moi d'un avantage immense. Malheureusement il est déjà trop tard, et l'état de la place m'empêchera probablement de profiter tout-à-fait de vos bons avis; mais n'importe, je soutiendrai jusqu'au bout, et dumoins je n'aurai rien à me reprocher!... Antoine chercha en vain à deviner le sens des paroles de son hôte, il n'en eut pas le loisir : celui-ci changea brusquement de discours et l'entraîna sous pretexte de le consulter sur quelque chose d'essentiel.

M. Lacombe avait dans ses lumières une grande confiance et il avait raison : autant le bon Antoine était stérile, lorsqu'il s'agissait de juger un objet d'art ou de parler le jargon reçu dans la société, autant il devenait clair et même éloquent, quand on agitait en sa présence une question commerciale; son esprit saisissait à l'instant même tous les avantages ou désavantages d'une innovation mise à la place de la routine, et c'était avec une lucidité parfaite qu'il démontrait sa manière de voir; rien en fait de commerce ne lui était étranger; une fois sur ce terrain la matière lui était indifférente, et c'était avec une égale supériorité qu'il résumait les achats à faire, la confection, le tarif des produits et jusqu'aux chances les plus éloignées de gain et de perte.

— Que ne vous ai-je connu plus tôt, lui disait souvent M. Lacombe, je serais peut-être bien riche à présent et vous aussi !

— Mon Dieu, reprenait tristement Antoine, ne désirez pas la fortune, cela porte malheur, vous possédez bien mieux en effet : une femme douce et dévouée, des enfants qui font votre félicité, ah ! mon ami, vous êtes trop heureux.

La plus grande intimité s'établit peu à peu entre le bon Antoine et la famille Lacombe : tout le jour dans les fabriques à examiner, encourager, suivre les travailleurs ou bien à rêver quelque amélioration, il ne rentrait au logis que vers le soir ainsi que le patron. On courait après tous deux indistinctement : les femmes les accueillaient avec un doux empressement, les enfants avec la plus bruyante joie et les naïves caresses de leur âge. « Voici papa et bon ami, criaient à la fois plusieurs voix. » A ces paroles, c'était une rumeur, un contentement qui souvent fit venir des larmes aux yeux de notre Antoine. Il hâtait le pas, embrassait avec effusion la mère de famille, baisait au front les trois jeunes filles et recevait sur son dos ou dans ses bras ceux des petits enfants qui se précipitaient vers lui.

Un jour, il entreprit avec un des fils Lacombe un voyage à Livourne, tout exprès pour acheter une quantité de jouets ou objets de fantaisie à l'usage de ses jeunes amis. A son retour, la joie la plus vive animait tous les regards : on l'embrassa d'abord, puis on se précipita sur la malle contenant les présents qui tous étaient étiquetés; jamais Antoine ne s'était tant amusé que pendant cette petite scène. Une chose le frappa : ce fut l'humeur boudeuse de la seconde en âge des trois sœurs, charmante créature de seize ans, parce qu'elle n'avait qu'une robe d'étoffe rose et une bague d'opale, tandis que Clothilde recevait une montre et une chaîne d'or. La jolie Carola s'oublia jusqu'à pleurer amèrement de ce qu'elle appelait une injustice criante. Antoine s'approcha d'elle et voulut l'apaiser, en lui promettant de lui faire venir aussi une montre et une chaîne à la première occasion.

— Gardez-vous en bien ! s'écria la mère, témoin de ce caprice : je vous jure, monsieur, que non seulement je briserais le présent, mais que je me brouillerais à tout jamais avec vous. Cette petite devient d'une insupportable jalousie contre sa sœur aînée, mais je saurai la punir et la corriger de ce vilain défaut. Il y eut force larmes qui n'aboutirent à rien, car Antoine n'osa répliquer ; il s'attacha seulement à consoler en secret la jeune Carola, qui lui tint rigueur pendant quelques jours.

Antoine observa que Clothilde ne portait jamais sa montre, et que les autres enfants au contraire étalaient aux yeux de tout le monde les présents qu'ils avaient reçus de lui. Il la questionna un jour à ce sujet.

— C'est trop beau pour moi, reprit modestement Clothilde. Je ne m'en parerai que lorsque je me marierai ! — Tu ne te marieras jamais, s'écria Carola d'un bout de la chambre à l'autre : tu est trop vieille et pas assez jolie ! Clothilde rougit, baissa les yeux et ne répondit rien ; Antoine sortit pour n'être pas témoin d'une réprimande qui, bien que méritée, le chagrinait malgré lui. Il est vrai qu'il se sentait pour cette jeune fille une prédilection toute particulière : elle était si jolie, si caline, quand elle le voulait, qu'on ne pouvait rien lui refuser. Peut-être même y avait-il entre Carola et Julie, une analogie de caractère et de physique qui motivait de reste l'entraînement d'Antoine, il n'osa pourtant enfreindre les prescriptions de madame Lacombe, et Carola n'eut pas de montre.

Une fois Antoine remarqua sur le joli visage de Carola une joie excessive; j'ai à vous parler, bon ami, lui dit-elle avec mystère. Il la suivit dans le jardin.

—Je serai bien heureuse si vous le voulez, dit la jeune fille en levant vers lui sa charmante petite mine et en joignant ses blanches mains; Clothilde consent à me donner sa chaîne et sa montre à condition toutefois que vous le permettrez et que je ne la porterai qu'en me mariant : elle ne me demande en échange que cette bague à la quelle, en vérité, je ne tiens pas du tout.

— Faites ce qui vous plaira, chère enfant, répondit Antoine, se réservant en lui-même de récompenser Clothilde du plaisir qu'elle procurait par cet échange à sa gentille protégée.

L'hiver se passa le plus agréablement du monde pour Antoine, presque fâché d'avoir à quitter une position si douce. Le souvenir de son fils, dont on lui vantait la grâce et la précoce intelligence, lui donna la force de faire ses préparatifs de départ. Chaque membre de la famille Lacombe, lui témoigna ses regrets selon son caractère; la seule Carola ne parut pas affectée.

— Bon ami reviendra, disait-elle, gaîment, il nous apportera de belles choses de Paris, et nous emmènera voir cette ville que je désire tant connaître.

— Ma sœur, interrompit Clothilde avec une profonde tristesse, on n'est jamais sûr de revoir ses amis, et sans eux le temps paraît bien long. Antoine, touché jusqu'aux larmes, serra la main de Clothilde, mais ne put articuler une parole. « Elle a raison, pensa-t-il, je vais encore me retrouver sans amis, car mon fils n'est qu'un enfant qui ne peut me désirer, puisqu'il ne me connaît même pas. Demeurons encore un an ici, le bonheur est fugitif, saisissons-le quand il se rencontre. »

Tout préoccupé du projet de rester au sein de cette bonne famille, Antoine alla trouver M. Lacombe pour lui parler de son désir. Ce dernier parut désagréablement impressionné de cette détermination. « Dans toute autre circonstance, répondit-il avec embarras, je vous aurais moi-même pressé de faire un plus long séjour parmi nous, mais des affaires particulières me priveraient de vous tenir compagnie, car je dois aussi m'absenter et s'il faut vous parler sans détour, je préfère que vous nous quittiez dès à présent. »

Antoine fut d'abord étourdi des paroles de son ami et crut démêler dans ce langage inusité quelque chose d'offensant pour lui : fort de sa conscience, il interrogea M. Lacombe avec une certaine aigreur, exigeant pour ainsi dire qu'il s'expliquât des motifs d'un changement de procédé aussi subit.

— Ai-je trahi votre confiance? lui demanda-t-il, ne me suis-je pas conduit dans votre famille avec honneur, et serez-vous assez cruel pour m'enlever aujourd'hui les espérances de bonheur que je fondais sur cette précieuse intimité? car enfin, continua-t-il, je regarde votre famille comme la mienne, votre femme est devenue ma sœur; vos enfants sont les miens : ne m'avez-vous donc arraché à l'ennui qui me dévorait, à la solitude qui minait ma vie, que pour m'y replonger par votre indifférence?

— Mon ami! mon cher ami! s'écria à son

tour M. Lacombe en se précipitant dans ses bras, c'est parce que je vous aime, que je voulais vous épargner le spectacle de mes chagrins : un mois encore, et cette famille que vous nommez la vôtre n'aura plus d'asile. Ma fabrique doit être vendue sous-main pour ce terme ; son produit, sur lequel je comptais, ne suffira pas même pour couvrir les pertes énormes que j'ai éprouvées depuis deux ans, et j'aurai le désespoir d'avoir dépouillé mes enfants de leur dernière ressource, sans avoir satisfait pleinement à l'honneur ! J'ai toujours caché mes désastres, afin de sauver aux miens des chagrins qu'ils ne pouvaient que partager ; depuis huit jours seulement ma femme en est instruite, parce que, ne possédant plus que le bien qu'elle m'apporta en dot il y a trente ans, j'avais besoin de son consentement pour le vendre.

Si elle m'eût refusé, si plus tendre mère qu'épouse dévouée, elle eût voulu conserver par-devant elle le patrimoine qui lui appartenait, j'étais décidé à ne pas survivre à ma ruine. Ma femme, au contraire, a trouvé comme moi, qu'un nom sans tache valait mieux que quelques milliers de francs, et nous devons conclure demain le marché qui nous exproprie ; voilà, mon ami, pourquoi nous désirions que vous partissiez aujourd'hui!...

— Il n'en sera pas ainsi, s'écria Antoine d'une voix forte : je reste. Mettez-moi au courant de vos affaires, que j'en connaisse tous les détails ; en attendant, dirigeons-nous vers Naples, et voyons si je puis me porter acquéreur en concurrence avec celui qui doit traiter, afin d'établir au moins une enchère.

— Mais, mon ami, cela ne se peut pas, reprit M. Lacombe, car je crois m'être aperçu que vous-même!:..

— Soyez tranquille, dit Antoine avec chaleur, j'ai du crédit ; je réponds de tout.

Le fabricant conduisit son ami dans son cabinet, où tous deux passèrent la nuit à compulser les papiers et les livres relatifs à la fabrique. Ce travail suffit à Antoine pour le convaincre de la cause qui avait amené la chute de cette maison : il vit que le vice principal était dans l'achat des produits bruts, lequel se faisant à crédit, moyennant payement des intérêts, mangeait d'avance une partie du gain. Il reconnut aussi que le besoin d'argent rendait trop facile en transactions, et faisait risquer des marchés qui trop souvent tournaient mal. Quant aux bénéfices, ils étaient les plus clairs du monde, si une certaine mise de fonds rétablissait l'équilibre perdu par l'imprudence et le peu de bonne foi qui règne sur la place de Naples.

— Vous ne vendrez pas votre établissement, dit Antoine pendant la route : vous avez une nombreuse famille, à laquelle il vous faut transmettre ce moyen d'existence : attendez-moi chez votre homme d'affaires, et surtout évitez que tout ceci ne s'ébruite avant coup : moi, je vais m'assurer les moyens de vous tirer de ce mauvais pas.

Antoine courut chez le banquier auquel il s'était adressé à son arrivée, et qui le connaissait parfaitement de réputation.

— J'ai, lui dit-il, l'envie de m'associer ici à un genre d'industrie qui me plaît assez; pour cela il me faut 100,000 francs, pouvez-vous me les procurer de suite.

— 200,000 si vous voulez, répartit le banquier; mais comme je suis honnête homme avant d'être marchand d'argent, me sera-t-il permis de vous interroger sur la maison à laquelle vous désirez confier cette somme, et de vous mettre en garde contre les roueries dont certains de nos négociants n'ont pas honte d'user?

— Il s'agit d'une association avec M. Lacombe, répondit Antoine; je compte donner plus d'extension à ses affaires que je crois bonnes.

— Vous me nommez certainement un des

plus honnêtes gens de ce pays, répliqua le banquier, et je n'ai rien à vous objecter relativement à cet honorable industriel; la somme que vous désirez sera à vos ordres dans trois jours.

Antoine Bertholde courut retrouver son ami qui l'attendait avec anxiété, doutant un peu de ses ressources à la vérité, mais pénétré de la bonté de son cœur.

— Nous sommes au courant, mon cher, dit joyeusement Antoine; Monsieur ne vend pas, ajouta-t-il en s'adressant à l'homme d'affaires, je l'ai fait revenir de ce projet inopportun, que la lassitude seule lui avait pu faire concevoir : envoyez-donc à la fabrique toutes les traites qui pourront arriver, elles seront acquittées à bureau ouvert.

Puis il entraîna M. Lacombe, qui lui dit aussitôt qu'ils furent seuls.

— Avez-vous donc oublié que je suis en dehors de plus de 80,000 francs?

— Vous en aurez 100,000 dans trois jours, répliqua froidement Antoine.

M. Lacombe pouvait à peine se soutenir sur ses jambes, tant son émotion était forte.

— Qui êtes-vous donc pour en agir ainsi? demanda-t-il.

— Un ami reconnaissant, reprit Antoine.

— Et les garanties, pour cette somme avançée si généreusement, où les trouverez-vous?

— Dans votre honneur, mon ami, répondit Antoine affectueusement ; je vous défends de m'en offrir d'autres. Mais courons rassurer votre digne compagne ; notre conférence de cette nuit, et notre prompt départ l'ont vivement inquiétée, je pense : hâtons-nous de ramener la sécurité dans cette belle ame. Sa conduite en cette circonstance augmente encore la haute estime qu'elle m'avait inspirée. Ah ! mon ami, qu'on est heureux de posséder une telle femme !

Et des larmes remplirent les yeux d'Antoine en prononçant ces mots !

Le voyage fut silencieux au retour. M. Lacombe réfléchissait à la générosité de son sauveur, et cherchait à comprendre sa manière d'être actuelle si opposée à sa conduite ordinaire. Antoine, de son côté, pensait à Julie, à son isolement, aux années qui s'écouleraient encore avant que son enfant pût lui faire aimer la vie, et le projet de rester en Italie s'offrit à lui sous les plus riantes couleurs. Les bienfaits sont le plus doux lien qui existe; aussi, depuis quelques heures l'affection d'Antoine pour tous les membres de la famille Lacombe avait doublé. Mille fois heureux de pouvoir leur être utile, il se regardait comme l'obligé; c'était d'à-présent seulement qu'il n'était plus étranger dans la maison, qu'il mériterait leur estime, qu'il leur vouait à jamais un attachement sans bornes.

Ces idées le remplirent d'une telle joie, qu'en passant le seuil de la grande porte pour entrer dans la cour, son cœur battit, son visage se colora, ses yeux cherchèrent si tous ceux qu'il venait d'adopter étaient présents; il se jeta en pleurant dans les bras de madame Lacombe, comme s'il eût voulu lui dire : *ne me repoussez pas, je vous aime tant!* Ne sachant à quoi attribuer la vive émotion qui se peignait sur sa figure, la bonne dame le pressa involontairement sur son cœur; puis regardant son mari, elle le vit parfaitement calme et se complaisant à examiner avec attendrissement ce qui se passait devant lui.

—Tu nous le ramènes donc, dit enfin madame Lacombe; Clothilde et moi pensions qu'il était parti pour toujours sans nous le dire; la pauvre enfant a pleuré toute la journée! pour moi, je n'ai plus de larmes, j'en ai tant répandu depuis huit jours!...

Clothilde en effet avait les yeux rouges et le visage entièrement décoloré.

— Console-toi, ma chère, dit M. Lacombe d'une voix émue; et vous mes enfants, sachez qu'un grand malheur nous menaçait; que notre ruine était imminente, complète; notre bonheur tout-à-fait compromis sans la générosité, sans l'affection de votre bon ami, de celui qu'avaient deviné nos cœurs, avant même de l'avoir compris : tombez à ses pieds, car vous lui devez la vie de votre père.

Les enfants, au nombre de sept (les fils aînés avaient été éloignés par le père pendant la crise), entourèrent Antoine.

— Alors vous ne nous quitterez plus, s'écrièrent-ils tous à la fois, pour que nous puissions vous témoigner notre reconnaissance?

Ce touchant élan, cette naïve prière fit

plus de bien au cœur d'Antoine que les phrases les mieux arrangées ; il embrassa tour-à-tour père, mère, enfants ; « Oh ! mes amis, leur disait-il en les serrant contre son sein, aimez-moi, votre tendresse me fait oublier tous mes maux. »

Lorsqu'il entoura Clothilde de ses bras, il la sentit frémir sur sa poitrine : ses joues teintes d'un vif incarnat brûlèrent ses lèvres, et la tremblante jeune fille s'éloigna toute confuse.

— Et moi ! bon ami, s'écria Carola en passant ses mains caressantes autour du cou d'Antoine, vous ne me dites rien !...

C'est qu'en effet il n'osait effleurer ce visage si pur, cette tête virginale ; mais lorsqu'il sentit sa douce étreinte, sa vue s'obscurcit, sa tête se pencha sur l'épaule de la séduisante napolitaine, comme s'il se fût trouvé subitement enivré d'une trop forte senteur!...

— Terminons ceci, dit M. Lacombe; ces démonstrations fatiguent notre ami; allons, enfants, laissez-nous.

Tout le monde se retira, Antoine demeura seul avec le père de famille qui l'entraîna, sous prétexte de quelques affaires.

Dès le lendemain, Antoine Bertholde s'occupa sérieusement des moyens à employer pour l'amélioration de la filature, et il travailla si activement, qu'en moins de trois mois elle ne fut plus reconnaissable. Il fit venir de Lyon un homme habile pour la confection des métiers, lui fournit les fonds nécessaires, et fit exécuter sous ses ordres les machines les plus avantageuses en ce genre. Il épargna considérablement de bras, sans pour cela diminuer la ressource et le nombre des travailleurs; car aussitôt qu'il se présentait des nécessiteux on les accueillait; la manière de travailler leur était enseignée, puis on augmentait les métiers en raison de l'affluence des ouvriers. De nouvelles étoffes furent ainsi confectionnées en grande quantité, de sorte qu'à dater de cette époque, Naples n'eut plus besoin de s'en approvisionner à l'étranger.

Ce sont les droits de douane qui renchérissent tout dans cette ville; Antoine demanda une audience au roi, et l'obtint. Il lui prouva qu'il était de l'intérêt général de diminuer au moins l'impôt sur les matières brutes, puisque de leur emploi bien dirigé, résultait un avantage immense pour la classe laborieuse qui, malheureusement n'est pas assez encouragée dans ce royaume. Le roi l'écouta favorablement, et consentit enfin à remettre la moitié des droits sur les cotons et les soies bruts, en faveur de l'honorable M. Lacombe, qu'il regardait comme un national. Encouragé par ce succès, Antoine déploya plus d'activité que jamais, ne recula devant aucune difficulté, devant aucun sacrifice, et rendit la maison *Lacombe et fils*, aussi considérable, aussi fructueuse que possible. De fréquentes excursions à Livourne, et l'argent comptant qu'il y répandait, lui procurèrent des avantages énormes, et tels, qu'en moins de deux années, les bénéfices montèrent à 100,000 écus au moins.

Pendant ce laps de temps, Antoine avait repris sa bonne santé et la gaîté de sa première jeunesse. Le travail assidu l'avait entièrement retrempé; il était d'une activité surprenante, faisait à la fois les affaires du dehors et celles du dedans; instruisait par son exemple les fils Lacombe, qui ne savaient comment le remercier des services qu'ils en recevaient. Toute la famille le chérissait à l'envi, excepté pourtant la jeune Carola, laquelle se plaignait fort de son trop d'assiduité aux affaires.

— Bon ami est devenu bien ennuyeux, répétait-elle souvent, il travaille toujours et ne pense plus du tout à nos plaisirs ; on le voit à peine, encore n'est-ce que pour l'entendre parler *métiers*, *soies* ou *cotons* avec mon père et mes frères. Dieu que cet homme m'ennuye, dit-elle un jour devant ses deux sœurs.

— Cependant, tu l'épouserais bien, s'il voulait de toi, répondit avec malice la plus jeune, puisque tu me l'as avoué.

— Oh! oui, pour être riche et aller à Paris, reprit Carola, car vois-tu ma sœur, je suis sûre que bon ami a beaucoup d'argent. Il parle de mille francs comme un autre de sous; je me ferais donner de belles toilettes, une voiture, et je serais presque toujours en voyage.

— Moi, je n'en voudrais pour rien au monde, interrompit l'enfant espiègle; il est trop petit, trop vieux et trop laid!

— Voulez-vous bien vous taire! mesdemoiselles, dit avec impatience la douce Clothilde, peut-on parler ainsi d'un homme si bon, de celui qui a sauvé votre père, et vous a conservé une fortune qu'il tâche d'augmenter par ses soins!

— Comme tu le défends avec chaleur, reprit Carola, on dirait vraiment que tu l'aimes!

Clothilde rougissait et pâlissait tour-à-tour aux malins discours de ces étourdies, et les quittant, elle s'enferma dans sa chambre pour échapper à leurs investigations.

Antoine en effet mettait une sorte d'acharnement à ce qu'il faisait; ce n'était pourtant pas, comme on pourrait le croire, par le seul intérêt qu'il prenait à cette maison. Une raison personnelle le guidait en cela. Il cherchait à éviter un objet dangereux pour lui, il voulait s'étourdir sur un penchant dont il reconnaissait l'absurdité et qui l'obsédait incessamment. Qui le croirait? cet homme si indifférent en apparence, n'avait pu résister aux charmes de Carola, il l'aimait presque autant qu'il avait aimé sa Julie, et sentait que la possession d'une si jolie créature pourrait seule le consoler; mais en réfléchissant à la différence d'âge qui existait entre lui et la jeune fille, à sa coquetterie, à son caractère volontaire et léger, aux intérêts du fils de Julie que cette malheureuse femme lui avait tant recommandés en mourant, Antoine sut renfermer dans son cœur la funeste passion qui s'y était allumée, se gardant surtout d'en laisser rien paraître devant le père de celle qu'il aimait.

L'image de julie expirante se présenta toujours à son esprit, ainsi que ses dernières paroles, comme pour le préserver de toutes extravagances; longtemps il lutta en dedans de lui-même pour éffacer Carola de son cœur : voyant qu'il ne pouvait y parvenir, il prit sagement la résolution de quitter Naples. Un jour qu'il visitait avec son ami les nouveaux ateliers qu'on venait de construire sous sa direction, il lui annonça son prochain départ en prétextant de pressantes affaires en France. M. Lacombe changea plusieurs fois de couleur pendant le discours d'Antoine.

— Je vous croyais lié trop étroitement à mes spéculations pour que vous puissiez jamais m'abandonner, lui dit cet honnête homme avec une émotion qu'il ne pouvait maîtriser, et j'aimais à voir en vous un associé de droit sinon de fait. Cependant, mon ami vous êtes bien le maître de votre sort et puisque nous n'avons pas eu le bonheur de vous fixer ici, permettez-moi de régler avec vous, de vous assurer ce qui vous appartient dans cet établissement, après quoi vous pourrez nous quitter puisque vous le désirez; en quelque lieu que vous alliez, nos vœux et notre reconnaissance vous suivront.

— Je n'ai pas besoin de réglement, reprit Antoine, je m'en rapporte entièrement à vous pour rendre un jour à mon fils l'argent que j'ai été assez heureux de vous prêter : d'ailleurs je reviendrai compter avec vous, mais plus tard... dans quelques années !

— Non, mon généreux ami, reprit M. Lacombe, c'en est trop; j'ai pu recevoir de grands services d'un homme que j'estimais, que je regardais comme un fils, que dans ma tendresse j'avais quelquefois désigné par ce doux nom; ah! pourquoi me suis-je trompé? pourquoi faut-il renoncer à de si délicieuses espérances!

— Que voulez-vous dire, demanda Antoine avec vivacité, serait-il possible que vous eussiez pu songer?...

—Oui, mon ami, interrompit M. Lacombe j'avais cru lire dans votre cœur, dans celui de ma fille!.. qui sait même si cette chère enfant pourra vous oublier, car elle vous aime, j'en ai la certitude!

— Elle m'aime! s'écria Antoine en se jetant au cou de M. Lacombe, mon ami, ne m'abusez pas, je serais trop malheureux!..

— Un père se trompe rarement dans ces sortes de choses, répondit l'honnête négociant; d'ailleurs ma Clothilde, si indifférente jusqu'alors, d'une raison si profonde, d'un jugement si sain, s'est laissé prendre par vos bienfaits; les vertus, le bon sens qui la distinguent l'avaient préservée de ces amourettes de jeune fille, qu'un caprice allume, qu'un autre caprice éteint : il fallait à ma Clothilde un homme dont le génie et les vertus fissent son orgueil. Vous le lui avez offert, était-ce pour le lui ravir? il me sied mal de faire l'apologie de ma fille et cependant vous le dirais-je? en vous la donnant j'aurais cru m'acquitter de tout ce que je vous dois, voyez, mon ami, jusqu'où va l'orgueil d'un père... Mais vous ne répondez pas, vous êtes troublé : ne vous laissez pas influencer par ma tendresse et si je me suis trompé, si ma Clothilde n'a pas su toucher votre cœur; prenons que je n'ai rien dit et faites votre volonté.

Antoine ne se sentait pas la force de parler; tant de mouvements différents l'avaient agité pendant ce monologue qu'il ne pouvait assembler deux idées ensemble.

— Pardon, dit-il enfin à M. Lacombe; laissez-moi libre jusqu'à demain, ne dites rien à personne de notre conversation : dans vingt-quatre heures je vous ouvrirai mon cœur.

Les deux amis se séparèrent.

Antoine s'éloigna et prit le chemin de la campagne pour mieux se recueillir. Il employa toute la soirée à errer çà et là, sans but déterminé, réfléchissant à sa position, sondant les replis de son cœur et n'y trouvant que vague, incertitude, extravagance.

« Suis-je assez fou, se disait-il, d'aspirer à mon âge, avec mon extérieur, au cœur d'une personne belle comme un ange? qui entre à peine dans la vie, quand les inquiétudes, les soucis et le découragement ont usé la mienne. Mais si je ne suis plus jeune, si mon physique n'a rien d'attrayant, je suis riche, immensément riche : je puis couvrir ma femme d'or et de diamants, l'entourer d'un luxe oriental, et faire envier son sort à toute la noblesse des environs à plus de cinquante lieues à la ronde. Pour faire le seigneur il ne me faut que le vouloir : j'ai des biens incalculables, des châteaux, des bois, des parcs auxquels il est facile de joindre un hôtel à Paris, ainsi qu'un titre quelconque qu'il est aisé d'acquerir; pourquoi dèslors ne pourrais-je unir mon sort à celui d'une femme jeune et belle! Carola est coquette; la fortune fait toute son ambition, elle m'acceptera, j'en suis sûr... oui, pour mes biens, non pour moi-même. O Julie! toi qui fus mon idole, toi que je retrouve encore sous les célestes traits de Carola, conseille-moi!... que dis-je? ne m'as-tu pas tracé mon devoir! Ton malheur sur cette terre, ta fin prématurée, tes dernières instructions, ne sont-elles plus présentes à mon souvenir? et ton fils que tu m'as remis comme un talisman, ce fils dont tu m'as si instamment recommandé l'avenir, sera-t-il sacrifié à une folle passion! lui donnerais-je, sans remords, une belle-mère dont la grâce obtiendra tout de moi, qui disposera à son gré de mes richesses, de ma volonté et par cela même deviendra l'arbitre de ton sort ! Non, ma Julie, il n'en sera pas ainsi : j'immolerai mon amour au bonheur de ton fils, à ton cher et sacré souvenir ; mon parti est irrévocablement pris ; c'est toi qui me dicte ce que je dois faire ; je saurai sacrifier mon penchant à la raison, et donner à la fois une véritable mère à ton fils, une amie à ton époux.

Antoine revint brusquement sur ses pas, comme s'il eût craint que de nouvelles pensées ne vinssent d'étruire l'édifice de raison qu'il venait de construire à grand'peine. Il se rendit presque d'un seul bond chez M. Lacombe. Celui-ci était absorbé dans ses réflexions : en ne voyant pas rentrer Antoine, pour le souper de famille, auquel il ne manquait jamais, il avait craint de voir s'anéantir toutes ses espérances, non de fortune, car il était incapable d'un semblable sentiment, et ignorait d'ailleurs absolument la position financière d'Antoine; mais posséder pour gendre l'homme qu'il estimait le plus au monde, confier à cet homme l'avenir de sa fille chérie, de celle dont les vertus domestiques unies à toutes les qualités aimables avaient embelli sa vie, c'eût été pour lui le comble des félicités.

—Vous, voilà mon ami, dit vivement M. Lacombe à Antoine en volant à sa rencontre, j'étais inquiet de vous, et ne me serais certainement pas couché avant votre retour. Vous avez l'air embarrassé, souffrant! qu'avez vous? de grâce ouvrez-moi votre cœur, et croyez que mon affection vous accordera tout ce que vous exigerez d'elle, fût-ce même de consentir à votre éloignement.

Merci, mon ami, dit Antoine en lui prenant la main; je compte tellement sur votre bonté que je vais en réclamer une preuve irrécusable. Comme vous avez dû le supposer, eu égard à ma position, à mon âge, c'est votre fille Clothilde que j'aime; je vous la demande pour femme et me croirai parfaitement heureux si elle consent de son plein gré à devenir la compagne du reste de ma vie, la mère de mon fils. Seulement, pour des raisons relatives à mes deux premières unions, je désire que Clothilde ne soit nullement influencée, pas même par ma présence. C'est pourquoi je partirai pour la France dans quelques jours comme j'en avais le projet. Alors vous ferez part de ma demande à Clothilde et à sa mère : d'après leur réponse je préparerai tout pour vous recevoir chez moi, où nous conclurons le plus promptement possible. Dans le cas où je serais refusé, je demeurerais quelques années sans vous voir, afin d'ôter de mon cœur le sentiment profond qui s'y est glissé. Une fois guéri, je vous amènerai mon enfant, et vous demanderai comme une faveur de ne faire avec vous qu'une même famille.

— Une condition encore, ajouta Antoine en hésitant : si la réponse de votre chère Clothilde m'est favorable, je désire que pour cette fois vous l'a conduisiez en France, seule..... seule, entendez-vous bien? afin de la présenter à mon fils et de la recevoir moi-même sans distraction.

M. Lacombe ne put contenir sa joie : il l'exprima dans les termes les plus touchants, pressa plusieurs fois sur son cœur son cher Antoine en le nommant son fils bien-aimé, et courut avec sa permission porter cette bonne nouvelle à sa femme, mais sous le sceau du secret. Antoine parla dès le lendemain de son départ et précisa même le jour où il devait s'effectuer. Ce fut une occasion de se convaincre du degré d'affection qu'on avait pour lui : son cœur fut déchiré en reconnaissant, avec quelle légère insouciance Carola le voyait s'éloigner, et quelle quantité de petites commissions futiles elle lui donnait. Quant à la douce Clothilde, elle n'avait, disait-elle, absolument besoin de rien, à moins pourtant qu'Antoine ne revînt bientôt; dans ce cas elle lui permettait de lui offrir quelques bagatelles de nulle valeur. Les autres enfants firent aussi leurs conditions, après quoi, Antoine, tendrement embrassé de tous, s'arracha de leurs bras avec un serrement de cœur inexprimable.

Antoine Bertholde fit le voyage le plus rapidement qu'il lui fut possible : il lui tardait après plus de trois ans d'absence de revoir sa patrie et ce mot si vide de sens pour lui jadis, vibrait aujourd'hui délicieusement à son oreille. Il eut une joie d'enfant lorsqu'il d'ébarqua à Marseille et qu'il entendit parler généralement français. Ce patois même, qui à son départ lui avait semblé si barbare, fut accueilli par lui avec enthousiasme ; il entrait dans les cafés, s'arrêtait sur les places publiques, se promenait sur le port, tout exprès pour entendre le bruit des conversations. Quelquefois, il lui arriva de serrer affectueusement la main d'un cocher qui l'aidait à descendre de voiture ou d'un garçon de restaurant qui lui rendait de la monnaie. Enfin il monta en diligence et fit tout d'un trait le voyage de Marseille à Paris. La poste lui parut trop chère, d'ailleurs une fois en France, peu lui importait d'arriver deux jours plus tôt ou deux jours plus tard.

Paris fit sur l'ame d'Antoine une profonde impression : les tours Notre-Dame, qu'il aperçut de la barrière de Bercy, produisirent en lui l'effet du clocher de village que le pauvre savoyard retrouve après six mois de fatigues et de misère. Les merveilleux travaux qui s'étaient faits sur tous les quais, pendant son absence, enchantèrent notre Antoine ainsi que l'achèvement de l'arc triomphal de l'Étoile, sous lequel cet ex-négociant sentit son cœur vivement ému. La gloire passée de notre grande nation l'aiguillonna même jusqu'à le forcer d'essuyer avec sa main une larme traçant sur sa joue.

— Mon Dieu! que va-t-on donc voir si loin? se demandait toujours Antoine, quoi de plus beau que la Seine entourée de ses belles maisons, qui ailleurs s'appelléraient des palais; que nos boulevards plus miraculeux encore par les richesses qu'ils étalent aux yeux, que par leur propre et irréeusable splendeur, que ce Palais-Royal, réalité fantastique que le génie humain n'a jamais surpassé; notre soleil est modéré, notre lune resplandissante et notre commerce des plus florissants; c'en est fait, je ne quitte plus la France, se prit-il à dire tout haut, et puis un souvenir doux et amer parcourut son cerveau.

— Ici la patrie, dit-il, là une famille, des amis! je me partagerai!....

Antoine partit pour sa terre, où il trouva

son beau-père qui venait d'y prendre son quartier d'été avec sa fille qu'il était sur le point d'établir richement, et dont les traits rappelèrent au trop sensible Antoine ceux de Julie, bien qu'elle ne lui ressemblât pas complètement : on ne l'attendait pas sitôt, mais on le reçut avec plus d'affection qu'il n'en attendait. Un bel enfant aux cheveux blonds, qui jouait sur la pelouse, regarda fixement Antoine. Celui-ci ne se méprit pas sur la force du sang : il le prit dans ses bras et l'embrassa convulsivement : c'était le portrait vivant de sa mère !

Quand la première émotion fut calmée, Antoine visita ses propriétés, en compagnie de son beau-père. Ils projetèrent des plantations, des embellissements et des acquisitions; plusieurs de ses voisins, apauvris par de fâcheux événements ou de fausses spéculations, attendaient avec impatience celui qui jadis leur prêtait de l'argent à gros intérêts, ou leur achetait à vil prix ce qui était à sa convenance : tous vinrent avec empressement le visiter et lui parler emphatiquement du vide qu'avait produit son absence. Antoine, revenu de ses erreurs, reçut leurs compliments avec la dignité d'un honnête homme, et l'incrédulité que méritaient de si lâches adulations. Lorsqu'ils abordèrent la question financière, il répondit qu'il ne faisait plus d'affaires de ce genre, et qu'il avait disposé de tous ses fonds pour un meilleur usage. Quelques aumônes faites à propos, prouvèrent aux plus nécessiteux que l'avarice n'entrait pour rien dans ce nouveau parti : bientôt les visites diminuèrent de telle sorte qu'Antoine fut entièrement délaissé.

En s'éloignant des riches désordonnés, Antoine eut plus de temps pour s'occuper des pauvres : il visita tous ses fermiers, causa familièrement avec eux, s'informa en détail de la situation de chacun, et trouva, chemin faisant, à cicatriser bien des plaies, à sécher bien des larmes; cette sainte occupation le captiva tellement, que le temps s'envolait sans qu'il s'en aperçût. Souvent il songeait à l'Italie, à ceux qu'il y avait laissés, et s'étonnait de ne pas recevoir de nouvelles de ce pays, mais il osait à peine le désirer, car il se rappelait fort bien qu'une grande question devait se résoudre par une lettre. Aussi craignait-il pour ainsi dire cette première missive!

Enfin un jour on vint lui dire qu'un étranger arrivé en poste désirait lui parler; Antoine, occupé alors dans son parc à ordonner des travaux de terrassement, se hâta de se rendre au château. En entrant dans le salon d'attente, la première chose qui frappa ses regards, fut son petit Jules dans les bras de Clothilde!...

— Papa, dit l'enfant à son père, voilà une maman qui dit qu'elle m'aimera comme son fils : elle paraît bien bonne, et je l'aime déjà de tout mon cœur.

— Oui, oui, telle est notre réponse, dit M. Lacombe en pressant Antoine sur sa poitrine; c'est votre fils qui vous l'a transmise.

— Suis-je appelé à tant de bonheur! balbutia Antoine en se tournant vers Clothilde.

— Souvenez-vous de ce que nous vous devons, dit modestement cette aimable personne, et demandez à votre cœur si le mien a pu rester insensible à tant de générosité, à tant de grandeur d'ame! Croyez, ajouta-t-elle en rougissant, que le plus beau jour de ma vie sera celui où je pourrai me nommer la mère de ce bel enfant.

Antoine éprouva alors une satisfaction secrète : son sort était fixé; il n'avait à se reprocher aucune faiblesse, il était presque heureux. L'image de Carola se présenta bien quelque fois à son souvenir, mais comme une ombre fugitive, que le fantôme de Julie faisait bientôt évanouir.

Antoine Berthold épousa Clothilde quinze jours après son arrivée au château. Ce ne fut qu'à la lecture du contrat, que M. Lacombe connut l'excessive opulence de son gendre, et toutes les obligations qu'il lui avait, relativement à ses affaires commerciales. Non seulement Antoine laissait au père de sa nouvelle épouse les 200,000 francs qu'il avait déjà mis dans sa fabrique; mais ayant bien apprécié le haut développement dont elle était encore susceptible, il en ajoutait autant et constituait du tout un douaire à Clothilde, se réservant d'augmenter plus tard les avantages qu'il voulait faire à la mère adoptive de son fils, si par malheur les susdits fonds ne prospéraient pas en raison des justes espérances qu'on en avait pu concevoir.

Mais ils étaient en bonnes mains, et M. Lacombe fit en moins de dix ans une fortune honorale, qui le plaça à la tête du commerce de Naples, et lui permit d'établir dignement sa nombreuse famille.

Antoine n'eut jamais à regreter la sagesse qui l'avait guidé dans son dernier mariage. Il finit par aimer tendrement sa femme, dont la supériorité contribua beaucoup à perfectionner tout ce qu'il y avait de bon chez lui. Elle sut encourager à propos sa générosité pour les grandes choses, et lui passer sa lésinerie native pour les petites : elle souriait en elle-même lorsqu'elle lui voyait éteindre des lumières inutiles, ou retirer quelques bûches du feu, et se disait tout bas : « Tant mieux ! je ferai une aumône de plus, en expiation de ce faible ridicule. » Adorée des pauvres, estimée des riches, Clothilde fit le bonheur et la joie de tout ce qui l'entourait. Elle eut de cette union deux enfants, qui ne l'empêchèrent jamais de vouer les plus tendres soins au fils de Julie, qu'elle aima à l'égal des siens.

Antoine et Clothilde vécurent heureux dans leur terre, qu'ils ne quittaient que pour faire de courtes excursions en Italie. Rentrés dans leurs foyers, ils se félicitaient surtout de l'aisance qu'ils avaient su répandre autour d'eux. S'ils sont possesseurs de presque tout le pays qui les environnent, ce n'est que pour en nourrir les habitants. Il y a dans leurs domaines du travail pour tout le monde, des secours pour toutes les infortunes, les seuls fainéants ou mauvais sujets en sont expulsés; pas un mendiant ne se rencontre dans les villages qui avoisinent leur château, car les vieillards même y trouvent un emploi approprié à leurs facultés. Lorsqu'Antoine et Clothilde se promènent dans leurs riantes campagnes, lorsqu'ils voient le sourire du bonheur sur tous les visages, Antoine dit à Clothilde :

— C'est à toi, ma tendre amie, que ces braves gens doivent leur bien-être. Avant que tu ne vinsses, j'étais riche aussi, mais je ne m'occupais de personne; l'ennui et la tristesse m'accablaient, parce que je n'étais utile à qui que ce fût : ah! je vois bien à présent que la fortune ne procure pas le bonheur, mais bien l'usage qu'on en fait.

. . . .

. . . .

. . . .

. . . .

Pendant qu'Antoine et Clothilde vivaient heureux au sein du repos et de la vertu, il leur survint une lettre qui interrompit désagréablement leur douce quiètude. On doit se rappeler que, parmi la nombreuse famille de M. Lacombe, existait une jolie créature appelée Carola. On n'aura pas oublié non plus le caractère ambitieux et jaloux de cette jeune fille, qui ne put voir sans un violent dépit le riche mariage que faisait sa sœur aînée : ce qui la blessa surtout, fut l'espèce de mystère dont on entoura cet événement. Selon les instructions d'Antoine on ne parla de son projet qu'après son départ, et seulement à la personne interessée. Il fut en outre convenu qu'on ne laisserait rien transpirer de cette affaire qu'aussitôt que M. Lacombe pourrait s'absenter, il conduirait Clothilde en France, et qu'enfin le mariage de cette dernière, ne serait ébruité qu'après l'événement : les parents de Clothilde toujours sages dans leurs résolutions, craignaient par-dessus tout de nuire par indiscrétion à la réputation de leur fille bien-aimée. M. Lacombe fut donc sensé faire un voyage en France pour des transactions commerciales, et ne pouvant, disait-il, emmener qu'une personne avec lui, il choisit Clothilde comme la plus âgée de ses filles, se réservant, ajouta-t-il, de procurer le même plaisir à chacune d'elles successivement. Carola malgré ses prières et ses larmes, ne put rien obtenir, et comme elle savait que ses parents ne cédaient jamais à ses caprices quand ils étaient déraisonables, force lui fut de se résigner : mais lorsque la nouvelle du mariage de Clothilde arriva à Naples, elle ne se contint plus, accusa sa mère de fausseté et se plaignit ammèrement du tort qu'on lui faisait, ajoutant que c'était elle qu'Antoine aimait, que c'était elle qu'il devait épouser. « Tu l'aimais donc aussi? lui demanda sa mère presqu'aux regrets ?» —Moi, dieu m'en garde s'écria Carola indignée ! moi, aimer un homme aussi laid et qui serait mon père ! mais je l'eusse épousé pour son argent, qui m'irait tout aussi bien qu'à ma sœur. » La mère rassurée reprit sa sévérité, et n'écouta plus les reproches de cette écervelée. Quand M. Lacombe revint, ce fut chargé de présents pour toute la famille; Carola ne voulut pas en recevoir sa part disant, qu'elle n'acceptait rien des gens qu'elle méprisait, « ce sont des traîtres, ajouta-t-elle, dont je ne veux jamais entendre parler. » Carola comptait sur ses charmes pour trouver un parti avantageux. Déjà quelques uns s'étaient présentés, mais les négociants avaient échoué devant l'impossibilité de constituer une dot suffisante. On n'en avait pas même parlé à la jeune fille dont l'orgueil se fût révolté à l'idée de pareils arrangements. Cette étourdie supposait que la beauté suffit pour trouver des maris, et elle s'étonnait de ne pas se voir plus recherchée. Enfin un jeune homme se présenta. Il était fort épris et se contenta de ce que put lui offrir le père de Carola; ce prétendu était négociant en horlogerie. Le siége de son établissement se trouvait à Genève et c'était là, dans sa famille, qu'il se proposait de conduire sa femme. Carola reçut d'autant plus volontiers cette ouverture qu'elle désirait vivement voyager, afin de quitter des parents qui, selon elle, s'étaient mal conduits à son égard, tout fut arrangé au plus vite, et Carola, mariée et emmenée par son mari, eut la satisfaction de ne pas se trouver chez son père avec sa sœur et son beau-frère, dont la prochaine arrivée lui causait un chagrin infini. C'était, disait-elle, pour la narguer que Clothilde venait étaler son luxe à leurs yeux. Si Carola eût attendu sa sœur, elle l'eût retrouvée aussi simple que lorsqu'elle habitait Cazerte, cette digne jeune femme se faisait un bonheur à sa façon, lequel ne consistait qu'à plaire à son mari, dont, comme nous le savons, les goûts étaient plus que modestes.

Le nouvel époux, ivre d'amour, présenta sa conquête à toute la ville de Genève, chacun envia son sort, car il faut bien l'avouer, Carola était, à dix-huit ans, d'une beauté ravissante. Ce fut à qui l'inviterait; des fêtes brillantes furent improvisées pour elle, enfin l'ingrate Carola oublia, pour un monde qu'elle connaisait à peine, père, mère, frères, sœurs, et tout ce que le souvenir lui retraçait d'amour et de dévouement. Antoine et Clothilde furent aussi rayés du livre de ses pensées; elle n'écrivit à personne et lassa par son indifférence la tendresse de tout ceux qui l'avait aimée.

Les premiers mois de mariage passés, il fallut songer au travail; le mari de Carola n'était pas comme Antoine arrivé au but, il ne faisait que l'entrevoir. Son père, honnête commerçant, lui avait abandonné la maison qu'il avait pendant vingt-cinq ans exploitée avec honneur. Retiré peu riche, il se contentait d'enseigner à son fils à le devenir, en lui indiquant les piéges dans lesquels lui-même était souvent tombé pendant sa gestion. Le jeune Burkem aurait donc parfaitement réussi dans son commerce sous l'égide d'un tel père, si sa femme ne se fût mise à la traverse. Carola s'ennuya bientôt de son séjour à Genève, les affaires se multipliant et la lune de miel étant achevée, on mena, dans le nouveau ménage une vie monotone au possible pour la pétulante et coquette Carola; bientôt elle fit entendre à son mari que cette existence n'était pas tenable; que d'ailleurs une telle situation ne menait à rien qu'à de si minces bénéfices, qu'il faudrait au moins vingt ans d'un travail forcé, pour se retirer avec une misérable aisance. Déjà mère d'une petite fille qu'elle mit en nourrice, et grosse pour la seconde fois, elle dit à son mari qu'il fallait penser au sort à venir de ses enfants. Ce n'est, répétait-elle sans cesse, qu'à Paris qu'on peut faire fortune; vois plutôt notre beau-frère Antoine Berthold, c'est un bel exemple à suivre et si celui-là a réussi, tout le monde doit y prétendre d'autant mieux; enfin, elle parla tant et si bien que le jeune Burkem se décida à partir.

En vain son père lui représenta qu'il quittait un état sûr pour un état à créer, en vain la raison de ce brave homme lui montra-t-elle des exemples effrayants, rien ne fut capable de le faire changer d'avis; sa femme le voulait, il le lui avait promis, il partit. Leur installation dans un des plus beaux quartiers de Paris leur coûta le plus clair de ce qu'ils possédaient et ce fut presque entièrement à crédit qu'on meubla de marchandises le somptueux magasin choisi et arrangé par la frivole Carola. Une fois établie de la sorte, madame Burkem ne songea qu'à se rendre digne par la recherche de sa toilette du luxe qui l'environnait. Sa figure secondant parfaitement sa mise, attira sur elle tous les regards. Pendant quelques temps même on aurait pu croire que la beauté de Carola deviendrait une source intarrissable de richesses pour son heureux époux. Tous les dandis indigènes et exotiques se groupèrent autour d'elle; c'était à qui porterait une montre *Burkem de Genève*, parce que cela voulait dire qu'on avait vu sa ravissante compagne. Mais à Paris plus qu'ailleurs la curiosité s'éteint promptement si rien ne l'alimente; on fut bientôt las de rendre hommage à cette beauté sévère qu'on ne pouvait qu'admirer, car hâtons-nous de le dire, Carola n'était que coquette. Les bons principes qui lui avaient été inculqués avec la vie, s'étaient enracinés chez elle de manière que ses défauts même, quoique nombreux ne purent prendre le dessus ; son cœur, naturellement bon, s'était donné sans partage à celui qui sacrifiait tout à la moindre de ses volontés, et c'était du fond de l'ame qu'elle disait à son mari.

Je suis bien heureuse maintenant de n'avoir pas épousé ce rustre d'Antoine, je sens que toi seul pouvait me plaire et me captiver.

Aussi fût-ce avec une indignation véritable que la jeune et belle épouse de Burkem reçut les déclarations sans nombre qu'on lui adressa et les offres insultantes qui lui furent faites. Son premier mouvement fut de les montrer à son mari, lequel jugea prudent de la soustraire à l'œil lascif d'un public toujours renaissant. Carola récemment accouchée, fut reléguée dans son appartement et se livra pour se distraire au devoir le plus sacré d'une mère, celui d'allaiter son enfant. Bientôt cette occupation devint sa vie et la jeune nourrice trouva dans le premier sourire de son enfant, la récompense de ses fatigues et la force nécessaire à l'accomplissement de cette difficile et sublime tâche. Dès que Carola ne parut plus au comptoir, la foule déserta le magasin, les pratiques même les plus honorables devinrent dificiles et tracassières, et ce qu'elles eussent acheté sans mot dire à la belle horlogère était marchandé avec petitesse quand c'était Burkem qui faisait le marché; cet homme s'aperçut bien du tort qu'il s'était fait en retirant de son magasin le talisman qui attirait les chalants; il ne put pourtant surmonter l'idée de rappeler sa femme, de l'exposer à de nouvelles séductions, et se résigna d'avance à tout ce qui pourrait arriver; il se garda cependant d'inquiéter sa compagne et tâcha d'obtenir, sans lui en parler, quelques secours du père Burkem. Ce dernier fut assez difficile à convaincre, il ne se rendit même que pour une très petite somme qui ne fit que retarder de quelques mois la chute imminente du pauvre horloger. Des frais énormes le rongeaient incessamment ; l'échéance prochaine de billets à ordres qu'il ne pouvait rembourser l'épouvantait, enfin il perdit complètement la tête et c'était précisément ce qui lui manquait le plus : habitué à n'agir que par les conseils de son père, le faible Burkem perdait tous ses moyens dès qu'il lui fallait voler de ses propres ailes. Le commerce de Paris, si différent de celui de Genève, l'étourdit et le démonta, enfin, la bonne foi qu'il mit dans toutes ses transactions acheva sa perte. Il faut plus que de la probité et de la conduite pour réussir en affaires commerciales : une habilité bien connue de quelques commerçants est encore indispensable; la méfiance, mère de la sureté, dit-on, doit aussi guider le négociant et la prudence la plus absolue entrer dans chacune de ses opérations, tout cela manquait à Burkem ; il eût réussi à Genève parce qu'il n'avait qu'à suivre une route tracée, à Paris au contraire, les chemins de traverses l'égarèrent de telle sorte qu'enfin toutes les issues lui furent fermées. Des loyers arriérés, des dettes de toutes nature et le protêt de plusieurs billets négociés par lui achevèrent de l'épouvanter; n'écoutant que son désespoir, il écrivit une lettre à Carola dans laquelle il exprimait, de la manière la plus touchante, son amour et ses regrets; il ajoutait «que ne pouvant continuer à vivre comme elle l'avait exigé de lui, ne trouvant aucun moyen de soutenir le luxe qui lui plaisait tant, il aimait mieux mourir que de lui imposer des privations et une réforme si loin de ses goûts. Il ajoutait qu'il la recommandait instamment à son père, auprès duquel il la suppliait de se rendre, parce que son plus grand chagrin serait de la savoir dans une ville où tout était embûche, séduction et déshonneur. »

Il était huit heures du soir quand Carola, tout occupée de son enfant, reçut cette fatale lettre. Son mari s'était absenté tout le jour; inquiétée sans trop savoir pourquoi de sa longue absence, elle regardait sa pendule avec anxiété, lorsque sa bonne lui remit un papier; Carola l'ouvrit en frémissant, à peine ses yeux l'ont-il parcouru, que des cris déchirants s'échappent de sa poitrine. « Mon ami, s'écrie-t-elle, où es-tu? qu'as-tu fait? reviens près de moi, ne m'abandonne pas, je serai raisonnable; mais par pitié ne me punis pas si sévèrement! Je reconnais mes torts, je n'y retomberai jamais, je le jure devant le berceau de mon fils, de cet être chéri, qui maintenant suffit à mon ambition. » En disant cela, elle se jette à genoux, s'empare de son enfant, et attire par le bruit de ses sanglots les commis du magasin situé au-dessous de son appartement. Au lieu de la consoler, ces messieurs augmentent ses angoisses, car ils devinent un suicide où Carola n'avait compris qu'une fuite. L'un d'eux sort à l'instant pour aller faire de promptes recherches, l'autre demeure près de la malheureuse épouse, pour contenir son affreux désespoir et l'empêcher de commettre quelques violences. La nuit entière se passa sans apporter aucun éclaircissement sur ce qu'a pu devenir Burkem. Vers le matin, un homme se présente, sa figure est sinistre : Carola ne doute plus de son malheur, une affreuse convulsion la saisit, et pendant assez longtemps on ne peut la rendre à elle-même. « Mon mari, le père de mes enfants, mon meilleur ami est donc mort ! s'écrie-t-elle en reprenant connaissance ; ah ! c'est moi qui l'ai tué, mais j'en mourrai de douleur. » Calmez-vous, madame, lui dirent avec affection ceux qui l'entouraient, M. Burkem vit !... « Il vit, dit Carola avec transport, il vit et vous ne me le disiez pas ! » Il vit, répond avec tristesse celui auquel elle s'adressait, il est en prison ! « Et que me fait la prison, la misère, puisque je le reverrai ; puisque mes enfants retrouveront leur père, qu'avait pensé leur ravir ma folle ambition. » On apprit alors à

Carola que Burkem, sorti de chez lui pour exécuter un projet funeste, à cause des billets en souffrance, s'était dirigé dans un fiacre vers la barrière de La Villette, mais qu'en descendant de voiture, deux gardes de commerce s'étaient emparés de lui, étant persuadés qu'il s'enfuyait de Paris, et que sur un mandat dont ils étaient porteurs, ils l'avaient transféré à Sainte-Pélagie, où il se trouvait écroué depuis la veille.

Carola ne perdit pas une minute : elle courut se procurer une permission, et vola se jeter dans les bras de son mari. Leurs larmes se confondirent, de réciproques protestations adoucirent la douleur de cette séparation momentanée, et Carola retourna chez elle en promettant à Burkem de lui consacrer tout le temps qu'elle pourrait dérober à ses chers petits enfants. Sitôt que madame Burkem fut assez tranquille pour réunir ses idées, elle prit la plume pour écrire ce qui suit :

« Je ne sais mon cher beau-frère, et toi ma bonne Clothilde, si vous vous souviendrez encore de moi. Ma conduite à votre égard, a dû m'ôter tous droits à votre souvenir, et cependant, voyez jusqu'où va mon orgueil et ma confiance en votre bonté ; je gage que vous m'avez déjà reconnue, et que vous éprouvez quelque plaisir à recevoir de mes nouvelles. Ce que je dis là, montre que j'apprécie votre cœur! ce qui me reste à vous dire vous en donnera l'assurance irréfragable. Je n'ai pas besoin, je pense, de rétrograder dans le passé pour vous rappeler mes torts et les nombreux travers de mon esprit, mais quelque grands qu'ils puissent vous paraître, quelque punitions qu'ils m'aient méritées, j'ai la conviction que la sévérité du ciel surpasse encore mes fautes. Je m'humilie devant ses décrets, et je souffrirais sans me plaindre si j'étais seule victime de ma sotte ambition. Mais vous le dirai-je? mes amis! mon mari, l'honneur en personne, auquel on ne peut reprocher que de la faiblesse pour moi, est privé de sa liberté : mes enfants, innocents des erreurs de leur mère, et déjà ruinés par ma sottise, ont été sur le point de perdre leur père! C'est en leur nom que je vous implore mes amis! ce sont eux qui payeront un jour par leur respect et leur affection les dettes de leur malheureuse mère. J'ai l'intime conviction que je ne m'adresserai pas en vain au digne Antoine, à la tendre Clothilde, et c'est dans la sécurité la plus parfaite, que je remets entre vos mains le sort d'une famille qu'un gouffre sans fond est sur le point d'engloutir! Mon mari ignore ma démarche, car malgré l'espoir que je fonde sur vos vertus, je n'ai pas voulu risquer de lui faire entrevoir un port qui pourrait lui manquer. Une espérance déçue fait plus de mal que la continuation de la souffrance. »

Antoine n'eut pas plutôt pris connaissance de cette lettre, qu'il dit en se levant : « Les pauvres enfants! j'en étais sûr; ils s'imaginaient qu'il est facile de réussir! Oh! que non, non; il faut bien un peu de génie pour cela, et le cher Antoine se rengorgeait! C'est une bonne leçon, qui leur servira j'espère; les orgueilleux l'ont bien méritée. » Puis il marchait à grands pas dans la chambre en souriant à d'anciens souvenirs; la douce

Clothilde n'osait parler; d'ailleurs les larmes l'avaient gagnée, ce qui la forçait à écouter son mari sans répondre. Au bout d'un instant, Antoine sortit de la chambre, donna quelques ordres, et reparut tout joyeux. «Aussi bien, dit-il tout haut, je commençais à m'ennuyer de mon inaction. « Que veux-tu dire, demanda Clothilde avec crainte. « Je veux dire que je vais me mettre en route pour Paris; tu n'as pu croire, je pense, que je laisserais ta sœur dans l'embarras, je serai ruiné ou mort avant qu'un seul membre de la famille à laquelle appartient ma Clothilde devienne tout-à-fait malheureux. » Clothilde, attendrie, se précipita dans les bras d'Antoine : « Oh! cœur généreux, s'écria-t-elle, ame vraiment sublime; je n'ai qu'un mérite, celui de t'avoir deviné.

Deux heures après, Antoine roulait sur le pavé, arrangeant dans sa tête la remontrance qu'il ferait au couple imprudent qui l'appelait à son secours. « Je veux bien qu'on soit amoureux, pensait-il, et j'ai moi-même passé par-là; mais Dieu sait que mes affaires n'en ont jamais souffert; la raison et l'honneur avant tout. Bien m'a pris de me maîtriser une certaine fois!.. La jolie petite m'en aurait fait voir de cruelles; aussi, je vais la tancer d'une belle manière. » Mais dès qu'Antoine fut auprès de Carola, dès qu'il revit ses beaux yeux suppliants et tendres, il se sentit encore plus ému qu'il ne l'aurait voulu, plus attendri que ne le comportait sa position. « Cette Carola est un vrai démon, se dit-il à part lui, fille ou femme elle prendrait sur moi un pouvoir infernal; et vite, vite de l'argent pour raccommoder tout ceci; il ne faut pas louvoyer quand on entrevoit un abîme ; ce serait le moyen d'y tomber. »

Antoine s'entretint sérieusement avec le mari de Carola, il compulsa tous ses livres, et lui prouva clair comme le jour, qu'il n'avait pas la tête assez forte pour soutenir un commerce à Paris. « Retournez, lui dit-il, dans votre ville natale ; tout le monde vous y connaît, vous y veut du bien : votre père, j'en suis sûr, vous y facilitera un nouvel établissement ; et dans tous les cas je suis là, moi. N'oubliez pas, mon cher, qu'il faut agir selon ses facultés morales, plutôt encore que d'après ses moyens pécuniaires. Je me charge des embarras que vous avez ici, mais partez le plus promptement possible, c'est à mon gré l'essentiel. »

Burkem ne demandait pas mieux ; Carola

désirait aussi quitter un lieu qui ne lui avait guère suscité que des chagrins, et dont le plus violent s'était gravé pour toujours dans son esprit. Dès que son mari lui fut rendu, elle se prépara sans peine à retourner à Genève, où du moins elle avait été respectée comme elle méritait de l'être. Antoine reçut leurs adieux et leurs remercîments avec une émotion et une impatience incroyable : il semblait qu'ils ne les perdrait jamais assez tôt de vue. « Grâce à Dieu s'écria-t-il! quand il fut seul maître de la maison, je n'ai plus à m'occuper que d'affaires. Cette petite fée me fascinait. » En furetant dans les tiroirs qu'on l'avait chargé de visiter, il trouva un paquet à son nom; c'était l'écriture de Carola, ce qui ne laissa pas que de l'intriguer : « Que me veut-elle encore, dit Antoine, je ne pourrai donc pas échapper à cette Sirène! Il rompit le cachet, et trouva tous les bijoux que possédait Carola, accompagnés d'une lettre ainsi conçue :

« Mon généreux ami, et très cher parent, tout ceci m'appartient, je le dois à l'amitié de mon beau-père, et à l'amour de mon mari. La valeur de ces divers objets peut, dit-on, se monter à 15,000 francs environ. Il ne sera pas dit que la femme d'un honnête homme gardera des colifichets aussi coûteux, quand elle a dû recourir à la bourse d'un ami pour sauver son mari du déshonneur. Vendez toutes ces babioles, mon cher beau-frère, réunissez-en le montant à ce que vous nous prêtez pour payer nos dettes, et croyez à mon éternelle reconnaissance. Je n'emporte qu'une chose qui ne me quittera jamais, c'est la *montre* que ma sœur Clothilde sacrifia jadis à mon importunité. »

Antoine fut vivement touché de ce procédé.

— Je savais bien qu'il y avait du bon dans cette jeune fille et peut-être que si elle eût été ma femme...

Il s'arrêta tout court, car il allait proférer une sottise; son habitude, comme on le sait, était de désirer plus qu'il ne possédait; il fit en cette circonstance, comme jadis, en affaires d'argent. L'homme ne peut jamais se refondre si complètement que le bout de l'oreille ne s'aperçoive quelques fois. Antoine referma soigneusement la boîte qui contenait les bijoux de Carola, puis la serra dans une de ses malles, avec l'intention formelle de la faire offrir par sa femme à la fille de Burkem dès que cette petite aurait atteint l'âge de sept ans. « Il ne faut jamais s'opposer à une bonne action, se dit-il, et puisque Carola a pu la concevoir laissons lui en le mérite, afin que cela serve un jour d'exemple à sa fille. »

Il porta ensuite à l'article des rentrées, pour la maison Burkem, 15,000 fr. montant de la valeur des susdits bijoux.

Il s'occupa immédiatement de la vente du fonds, de celle des marchandises et du payement intégral de tous les créanciers. Tous comptes faits, il y eut moins de déficit qu'on ne l'avait craint d'abord, ce qui combla de joie les époux Burkem, car ils virent jour à s'acquitter assez promptement; d'autant que leurs parents et leurs amis rivalisèrent de zèle afin de les remettre à flots.

Chacun avait blâmé leur aveuglement au départ, tous leur tendirent les bras au retour. Caroïa, sensible à tant d'affection, devint elle-même le modèle des épouses, la meilleure des mères, la plus tendre des amies. Aussi simple qu'elle avait été coquette, indulgente et bonne pour tout le monde; elle n'oublia jamais qu'une sotte vanité et l'amour du luxe l'avaient exposée aux plus grandes infortunes, puisqu'il y allait de l'honneur et même de la vie de son excellent mari : la leçon fut rude, mais profitable. Alors seulement on reconnut dans cette intéressante jeune femme la fille de la respectable madame Lacombe, la sœur de l'admirable Clothilde. Quelque défauts que nous apportions en naissant, une bonne éducation et l'exemple de la vertu finissent toujours par triompher.

Antoine Berthölde retourna enfin près de sa Clothilde. Il lui tardait de la revoir; car sans sa femme, il n'était qu'un corps sans ame.

— Je ne te quitte plus, lui dit-il du plus loin qu'il l'aperçut; dès que je m'éloigne de toi, dès que je n'agis plus sous ta douce influence, je suis tout prêt à faire des sottises. Clothilde ne comprit pas le sens que son mari attachait à ces paroles, mais elle redoubla de tendresse et de soins, si bien qu'elle effaça enfin toute image étrangère du cœur d'Antoine pour en devenir à jamais la maîtresse absolue.

Sous presse pour paraître très incessamment.

VIERGE ET MODISTE

Roman de Mœurs, par MAXIMILIEN PERRIN. — 2 vol. in-8. 15 fr.

LES PETITS ABBÉS
ET LES MOUSQUETAIRES

2 vol. in-8.

LE POÈTE ET L'HOMME POSITIF

Par TOUCHARD-LAFOSSE. — 2 vol. in-8. 15 fr.

LE CHATEAU DE SAINT-FÉLIX

Par le Baron de LAMOTHE-LANGON. — 2 vol. in-8.

ÉTIENNE SAULNIER

Roman historique, par Madame JUNOT D'ABRANTÈS. — 2 vol. in-8. 15 fr.

LA MAITRESSE DE MON FILS

Par E. GUERIN. — 2 vol. in-8. 15 fr.

LES DEUX SOEURS.

Par Madame JUNOT D'ABRANTÈS. — 2 vol. in-8.

Imprimerie de Pommeret et Guenot, rue Mignon, 2.

www.ingramcontent.com/pod-product-compliance
Lightning Source LLC
LaVergne TN
LVHW020534230826
846091LV00002B/269

* 9 7 8 2 0 1 3 6 5 5 7 8 1 *